总主编◎刘德海

人文社会科学通识文丛

关于**财富**的100个故事

100 Stories of **Wealth**

陈鹏飞◎著

南京大学出版社

图书在版编目(CIP)数据

关于财富的 100 个故事 / 陈鹏飞著. —— 南京：南京
大学出版社，2016.2
(人文社会科学通识文丛)
ISBN 978 - 7 - 305 - 16636 - 5

Ⅰ. ①关… Ⅱ. ①陈… Ⅲ. ①经济学—通俗读物
Ⅳ. ①F0 - 49

中国版本图书馆 CIP 数据核字(2016)第 057946 号

出版发行　南京大学出版社
社　　址　南京市汉口路 22 号　　　　邮　编　210093
出版人　金鑫荣

丛 书 名　人文社会科学通识文丛
总 主 编　刘德海
副总主编　汪兴国　徐之顺
执行主编　吴颖文　王月清
书　　名　关于财富的 100 个故事
著　　者　陈鹏飞
责任编辑　官欣欣　李鸿敏　　　　　编辑热线　025 - 83593947

照　　排　南京南琳图文制作有限公司
印　　刷　南京人民印刷厂
开　　本　787×960　1/16　印张 15　字数 277 千
版　　次　2016 年 2 月第 1 版　　2016 年 2 月第 1 次印刷
ISBN 978 - 7 - 305 - 16636 - 5
定　　价　30.00 元

网址：http://www.njupco.com
官方微博：http://weibo.com/njupco
官方微信号：njupress
销售咨询热线：(025) 83594756

关于财富，你想不懂都不行

二十一世纪的今天，身处日益快速发展的经济生活中，我们面临着各式各样的挑战：庞氏骗局、汇率变化、捆绑消费、财富贬值……各式各样和财富紧密相关的问题让每一个现代人都应接不暇。

在现代的社会中，可以说，对于财富，你想不懂都不行。

基于此，我策划出版了《关于财富的100个故事》这本书，在书中，读者可以了解到财富的基本概念、最懂财富的学者、财富的来源、财富的使用方法及富人们所掌握的财富规律。本书力图让读者全方位理解财富的原理、来源和通道。

本书的第一部分"外行看热闹：什么是财富"，可以说是写给所有人的一个入门教程。在这里，你可以通过单身汉越境免费喝啤酒、"吃狗屎"创造GDP增值、天价理发店、总统选举等故事了解到货币、汇率、银行、商品、经济人等财富领域的基本概念。

第二部分"内行看门道：他们是最懂财富的人"，是财富大师们的荟萃之地。在这里，你可以看到专注工作的丁伯根、毅然抛弃哈佛的天才萨缪尔森、勤劳致富的卡内基等这些正面的形象，也可以看到热衷赌博的约翰·劳、斤斤计较的凯恩斯等几位走下神坛的形象。但不管形象如何，他们都是最懂财富的人，我们都能从他们身上学习到获得财富的门道。

第三部分"财富从哪里来"，应该是读者最为关注的一部分。你可以读到用一根别针换来一座别墅、女人们进入交易所、利用美女经济达成热门销售的裁缝店、跑赢CPI的婆婆等个人创造财富的故事，也可以读到因为一个厕所带来亿万收入、因为一份保险全船人性命获救等团体创造财富的故事。

有钱而不会花钱，无疑是最可悲的事情，第四部分"拥有财富，可以做什么"，为读者展示最有魅力的消费——能带来更多财富、更多幸福感的消费才是聪明人的花钱方法。在这一部分的故事中，你能看到五十克朗的购买力、美国政府出手救市、百度高薪聘请独立董事、给对手出广告费的商人、高价打造专属CIS系统的星巴克咖啡、波音收购麦道航空公司等故事，虽然花钱方法各异，但都为自己的企业或者家庭带来了财富和幸福感。

讲述了那么多的故事，到底财富有没有规律可循呢？

答案是肯定的。

在本书的最后一部分"富人必须掌握的财富规律"中，通过十几个通俗易懂的小故事，你可以初步了解大城市效应、木桶原理、羊群效应、银根紧缩等关于财富的专业理论，从而运用这些理论来赢得财富。

最后，愿每一位读者都能拥有自由的财富人生。

五年后,你过什么样的生活

　　财富可分为有形和无形两种,它是银行的存款,是金银首饰的数量,是每月薪水的额度,是年终红包的厚度,也是我们每个人跑得动、吃得下、睡得香、爱得起的幸福感。

　　因此,当编辑邀稿的时候,我提笔的压力是很大的——要将这么庞大的概念用区区一百个故事来概述,实属不易。

　　说来很巧,在整理这么多年和财富"打交道"的资料之初,我恰好和几位年轻的朋友有个约会。

　　席间,我们聊到关于财富的问题,有个年轻的朋友直言不讳地表达自己的观点:"现代社会压力这么大,聊什么幸福感,财富不就是金钱吗?"

　　话糙理不糙。

　　金钱,不仅仅是银行帐户上的阿拉伯数字,还意味着权力、安逸和自由。

　　对身处日新月异的经济社会中的每一个人(特别是年轻朋友)来说,最受困扰的就是钱。如何获得钱? 有了钱如何赚到更多的钱? 那些有钱人的钱都是哪里来的? 这些切实的问题,才是他们最为关注的。

　　因此,我决定将财富的概念缩小化,将它用一百个故事的形式来展现,也就是读者朋友即将阅读的这本《关于财富的 100 个故事》。

　　在这里,财富专指"钱、财、物"等这些我们熟知的概念,希望通过这一百个故事让每个人迈出通往财富人生的第一步。

财富是什么？

对一个女人来说，是让自己经济更加独立不依附于任何人的可靠保障；对一个男人来说，是让自己显得更有魅力的最佳配饰；对一个母亲或父亲来说，是让孩子享受更好物质生活的条件；对一个女儿或儿子来说，是让父母"像给孩子买东西一样不用思考价位"的孝心……

既然财富是每个人都需要的，那么我们就来讨论一下富人和穷人的差别是什么。富人总说"钱不是问题"，穷人总说"问题是没有钱"，那么，富人和穷人之间，真的是钱多少的问题吗？

当然不是！

读完一百个关于财富的故事，你会发现，穷人之所以是穷人，很大程度上是他们不懂财富，缺乏追求财富的勇气。

有追求致富的心，只是第一步。接下来，你要懂得更多关于财富的专业知识，破解财富的专属规律，还要从富人们的经历中学习到累积财富的快捷方式。不要说来不及，哈佛有句校训："Though is already is late, exactly is the earliest time.（觉得为时已晚的时候，恰恰是最早的时候。）"

追求财富，什么时候开始都不迟，最重要的是你有改变自己的勇敢和决心。

从现在开始，给自己制订一个财富计划，五年后的你一定会过上最想要的生活！

目　录

第三章　财富从哪里来

第四章　　拥有财富,可以做什么

第五章　富人必须掌握的财富规律

第一章

外行看热闹:什么是财富

货币
神奇的百元大钞

货币，是用作交易媒介、储藏价值和记账单位的一种工具，是专门在物资与服务交换中充当等价物的特殊商品。

时钟指向下午两点，正是小镇最为炎热的时刻。临街的店主们都懒洋洋地窝在家中不肯出门，街上显得空荡荡的。

小镇的经济已经萧条很长时间了，镇上每个人都是债台高筑，靠着借贷度日。每个人都想解决自己的债务，但迫于没有任何经济来源，只能日复一日地消磨下去。

时钟又不慌不忙地走到两点半。

门可罗雀的旅店门口停住了一个人，他拖着行李箱，皮鞋上浮了一层薄灰，看样子应该是一个长途跋涉的旅人。

旅人向店内张望了一下，随后走了进来，在昏昏欲睡的老板面前拿出一张百元大钞："老板，我想住店，这是一百美元，先押在你这里，我进去看看有没有喜欢的房间，如果有，我今晚就在这里留宿了。"

旅店老板眼睛放光："好，客人请随便看！"

旅店很大，老板并不担心旅人会很快出来，就拿着百元大钞迅速赶往隔壁的屠夫家："喂，我来还你钱！"

屠夫很高兴，拿了旅店老板的钱，急忙跑到街道对面，付清了欠养猪户的猪钱。养猪人家也很高兴，因为他欠了卖饲料人的钱，就匆匆忙忙赶过去，把刚拿到的百元大钞给了卖饲料的人。

在随后的十分钟内，这张百元大钞很"忙碌"，卖饲料的人把它给了饲料供货商，饲料供货商又把这钱给了妓女，偿付他之前的嫖资。妓女拿着钱来到旅店老板这里，与旅店老板结算她之前住店的钱，不多不少，刚好一百美元。

看到百元大钞完整归来，旅店老板兴奋至极，他把已经被众人揉皱的百元大钞熨好，再次放回到柜台上，等待旅人从店中走出来。

旅人很快就走了出来，对旅店老板说："我不打算住在这里了，你店里没有一间房间是我喜欢的。"

旅店老板也不生气，无债一身轻给了他分外的好心情，他笑嘻嘻地对旅人说：

"没关系的,您告诉我房间不合适在哪里,我一定会改造到让您下次留下来为止。"

旅人在意见册上写下改进的建议,又行色匆匆地离开这个小镇。

这个下午,没有人得到什么物质,也没有人失去什么东西。但是,全镇人的债务都结清了,小镇又重新焕发了生机。

🪙 天下"财"经

想要了解货币,首先就要弄明白什么是一般等价物。

一般等价物是从商品中分离出来充当其他一切商品的统一价值表现的商品,它的出现是商品生产和交换发展的必然结果。

历史上,人们曾经用黄金、白银,甚至是石头、贝壳,充当过交易中的一般等价物,后来因其携带不方便、贵金属的供给不足等原因,逐步退出历史舞台。

目前,各国承认的一般等价物为各个国家发行的纸币及银行支票等,也就是货币。

货币,是用作交易媒介、储藏价值和记账单位的一种工具,是专门在物资与服务交换中充当等价物的特殊商品。既包括流通货币,也包括各种储蓄存款。货币在流通过程中担当着价值尺度、流通工具、贮藏工具、支付工具及世界货币五种职能,其中价值尺度是其最基本的职能。而故事中提到的一百美元就是行使了价值尺度、流通工具两种职能。

从本质上,货币可以分为债务货币与非债务货币两大类,债务货币就是当今主要发达国家所通行的法币系统,它的主要部分是由政府、公司以及私人的"货币化"的债务所构成,美元就是其中最典型的例子,它就是在债务产生中被创造出来的,流通中的每一美元,都是一张债务欠条。

各国的货币

3

一般来说,每个国家都只使用唯一的一种货币,并由其国家的中央银行发行和控制。但目前流通市场上也存在着例外,比如说欧盟国家中,既有自己国家的货币,同时也有欧元。

财富名人堂

　　查理·厄根(Charles Ergen):男,2013年《福布斯》全球亿万富豪排行榜上第一百名,净资产一百零六亿美元。美国人,从事传媒业。曾在菲多利公司担任财务分析员,后和妻子一起开着卡车销售卫星电视,最终创办了一家提供卫星电视的网络公司。近年来收购了百视达公司,并且花三十亿美元购买了尚未得到美国联邦通信委员会批准使用的无线频谱,成为传媒业大亨。

交易
"叔叔,你把我卖了吧!"

交易,是指双方以货币及服务为媒介的价值交换。

彤彤的爸爸靠打零工赚钱养家,在一次事故中不幸去世了,家里就只剩下彤彤和她的妈妈。而妈妈在爸爸的事故发生后不久就患了急性肺炎,整日缠绵病榻,不管白天还是黑夜都是咳嗽声不断。

这一切发生的时候,彤彤只有七岁。

在这个仍然需要躺在爸爸妈妈怀抱里撒娇的年纪,彤彤就已经扛起了整个家的重任。她爸爸的事故发生后,施工单位只给了少量的赔款,彤彤和妈妈不懂得为自己维权,拿着这点钱开始了孤儿寡母的日子。

本来赔款就不是很多,再加上妈妈的病,彤彤不得已选择了辍学,懂事的她没有告诉妈妈,每天按照上学的时间出门,其实都是去捡垃圾换钱了。捡垃圾的时候,彤彤最喜欢捡到别人丢弃的课本,她会当作宝贝一样拿回家自学。

有天,彤彤出去捡垃圾回来,村里的婆婆拦住她说:"彤彤,最近不要去村西玩了。那边的人口贩子从监狱里放出来了。"

"人口贩子是做什么的?"年幼的彤彤不太懂成人复杂的生存规则。

"人口贩子就是专门找你这样的小朋友,卖给那些没有孩子的家庭。"婆婆解释说。

"啊!"彤彤大吃一惊,"小朋友也能卖?"

"那当然,还能卖不少钱呢?"婆婆说完又叮嘱道,"没事别去村西啊!"

彤彤懂事地答应了。

一个月后,彤彤的妈妈开始咳血,医生说需要尽快动手术,手术费需要四千元人民币。回到家中的彤彤为难地看着自己的小账本,那上面详细记录了每一天的花费和卖垃圾换来的收入,还差两千元。以后要更努力地捡垃圾卖钱了,彤彤暗暗地想。

但是妈妈的病情越来越严重,每天整夜整夜地咳嗽,几乎没有睡着的时候,彤彤听着妈妈的咳嗽声揪心极了,但是不管她怎么努力去捡垃圾,还是差了一千八百元。

这天,彤彤忘记婆婆的警告来到村西,看到一个中年人正蹲在河边吸烟。村里的人彤彤都认识，看着这张陌生的脸庞，她才想起婆婆的告诫来。她的第一反应是拔腿就跑，但没跑多远，就停住了脚步，转身向中年大叔走去。

"叔叔。"彤彤向中年人开口。

中年人抬头看她，问："有事吗？"

彤彤紧张地说："叔叔，你把我卖了吧！我妈妈要看病，我还差一千八百元，只要把我卖一千八百元就够了……"

💿 天下"财"经

故事中的小女孩将自己当作商品，向人口贩子提出交易的要求。虽然是个悲情的故事，但是也反映出了交易的本质。简单说来，交易是参与交易的双方以货币及服务为媒介的价值交换。

2009 年，诺贝尔经济学奖得主威廉姆森这样定义交易："A transaction occurs when a good or service is transferred across a technologically separable interface. One stage of activity terminates and another begins."根据威廉姆森的定义，当商品或服务通过"技术上不同的接口"转移，交易就产生了。这种交易可以发生在个人和个人之间（如故事中小女孩和人贩子之间），也可以发生在企业的内、外部，也可以发生在大市场的平台中，只要资源通过某种媒介（可以视为货币）顺利进行转移。

交易会有成本，狭义交易成本是为履行契约所付出的时间和努力，广义交易成本是为谈判、履行合约和获得信息所需要运用的全部资源。威廉姆森在《资本主义经济制度》一书中，将交易成本区分为"事先的"和"事后的"两类。事先的交易成本是指"起草、谈判、保证落实某种协定的成本"；事后的交易成本是交易已经发生之后的成本，它包括当事人想退出某种契约关系所必须付出的费用等多种形式。

财富名人堂

埃克·巴蒂斯塔（Eike Fuhrken Batista）：男，2013 年《福布斯》全球亿万富豪排行榜上排名第一百名，净资产一百零六亿美元。巴西企业家，EBX 集团创始人，同时也是巴西首富，主营采矿和石油。他毕业于德国亚琛大学冶金工程系，最初从事的是黄金交易和矿产业。他坚称自己的父亲从未给自己提供过任何方面的资金支持。

汇率
单身汉免费喝啤酒

由于世界各国货币的名称不同、币值不一,所以一国货币对其他国家的货币要规定一个兑换率,这个兑换率就是汇率。

这是一个发生在美国和墨西哥边境上的真实故事。

新年开始,美国人吉米初到墨西哥。在到达墨西哥之前,这个快乐的单身汉已经走过了世界上的很多地方,对于如何融入当地人的生活很有一套自己的方法。

经常旅游的人都知道,初到一个陌生的城市,首要的事情就是把自己手里的钱兑换成当地认同的货币以方便购物。

而我们的故事也从这里开始了——

吉米到银行首次把自己手里的美元兑换成比索,在第一次的兑换中,一美元等于一比索(peso)。带着一个比索,吉米到酒吧里花 0.1 比索买了一瓶啤酒,和墨西哥小镇当地的人开怀畅饮,欢庆新年。

所有宾客尽欢,直到凌晨才慢慢散去。

欢乐过后,吉米又来到和墨西哥小镇一线之隔的美国小镇随意闲逛。在这里,他又打算把在墨西哥小镇花剩下的 0.9 比索兑换成美元以便买点纪念品回家。在这里他惊喜地发现美国小镇支持的美元、比索汇率异于墨西哥汇率,不是一美元等于一比索,而是一美元等于 0.9 比索。

这 0.1 比索的"差价"让吉米手舞足蹈,这就意味着他从此以后可以在墨西哥的小镇上无限免费饮用啤酒了。

他把 0.9 比索换成一美元,又回到墨西哥小镇上,继续花 0.1 比索买了一瓶啤酒,畅饮之后回到美国小镇上,再把剩余的 0.9 比索兑换成一美元,就这样反复几次,他手里还是有一美元。换句话说,他喝下去的啤酒都是免费的。

在墨西哥小镇的第三天,吉米在酒吧里遇到了一个有趣的人,他自称是经济学家,对吉米讲了很多关于财富的故事。这些有趣的故事让吉米突然想起自己这两天免费喝啤酒的事来,禁不住将事情原原本本告诉了经济学家,并说出自己的困惑:"我手里始终都有一美元,我是稳赚不赔的。但我不明白的是,我明明买了啤酒,为什么手中一直有一美元,相当于没有任何花费呢?那么,到底是谁花钱买了那些啤酒给我呢?"

7

经济学家为他答疑说："简单来说，你在墨西哥小镇上拥有一比索，是一个具有十瓶啤酒购买能力的人。当你购买了一瓶啤酒后，拿着你的 0.9 比索到美国兑换成一美元，但如果你在美国，你的购买能力就无法到达十瓶啤酒。因此你回到墨西哥，又变成了具有十瓶啤酒购买能力的人。你兑换钱币的过程实际上是汇率变换的问题，在汇率的市场上，墨西哥的本币比索较为丰富，而美元的需求是大于供给，因此，外汇市场需要用一个较高的价格来收购美元。所以，你在墨西哥喝的这些酒，其实是美国的中央银行为你买的单。"

"所以，如果我很好地利用汇率这个概念，实际上可以从中赚到一笔钱的。"吉米问。

"那是当然。"经济学家举杯道，"财富规律无所不在，只要你愿意去了解它，就一定能找到赚钱的办法。"

🪙 天下"财"经

在快乐的单身汉的故事中，涉及财富的一个重要概念，就是汇率。在外汇市场上，汇率也常被称为"外汇行市"或"汇价"，指的是一国货币兑换成另一国货币的比率，是用一种货币表示另一种货币的价格。由于世界各国货币的名称不同、币值不一，所以一国货币对其他国家的货币要规定一个兑换率，这个兑换率就是汇率。

故事中的经济学家提到外汇市场的需求和供给，从短期来看，一个国家的汇率是由这个国家兑换外币的需求和供给所决定的。但从长期看来，一个国家的汇率影响因素繁多，其中最主要的因素有：相对价格水平、关税和限额、对本国商品相对于外国商品的偏好以及生产率。

一个国家的汇率会影响到这个国家的进出口贸易水平，如果本币对外的比值贬低，能发挥到促进出口、抑制进口的作用，反之亦然；汇率也会影响到一个国家的物价，从进口消费品和原材料来看，汇率的下降会引起进口商品在国内的价格上涨；另外，短期资本流动也常常受到汇率的较大影响。

财富名人堂

劳伦娜·鲍威尔·贾伯斯（Laurene Powell Jobs）：女，美国人，从事计算机应用及传媒业，2013 年《福布斯》全球亿万富豪排行榜上排名第九十八名，净资产一百零七亿美元。她是苹果创始人史蒂夫·贾伯斯的妻子，曾在高盛当过固定收益品种交易策略分析师，同时也是公益组织爱默生基金会的创始人和主席。

商品

西门庆的两次送礼

商品，是为交换而产生（或用于交换）的对他人或社会有用的劳动产品。

西门庆是历史上鼎鼎有名的人物，他不仅生活放荡，还是个十足的吝啬鬼。但他也不是时时刻刻都吝啬，该大方的时候，他可比任何人都大方。小说《金瓶梅》中就有两段关于他“大方”赠送礼物的记载。

话说西门庆结识奸臣蔡京之后，整天都在家里琢磨，怎么能通过一掷千金的方法，来得到这位重臣的扶持，终于，他等到了一个机会——蔡京的寿宴。

蔡京在自己的寿辰大宴四方来宾，醉翁之意众人皆知，精明的西门庆当然也参透了其中的奥妙。

但寿礼要如何送得得体，又让蔡京大人满意，这可是很有技术性的挑战。

西门庆想来想去，终于在蔡京寿宴前一日决定好了礼单的内容。

在寿宴当天，他的随从来保、吴典恩负责押送礼品，礼单上写着“四座一尺高的四阳捧寿的银人、两把金寿字壶、两副玉桃杯、两套杭州织造的蟒衣、南京绸缎、羔羊美酒若干”。

这份礼物送得可算是金贵，给蔡京留下的印象是：“但见黄烘烘金壶玉盏，白晃晃减靸仙人；良工制造费工夫，巧匠钻凿人罕见。锦绣蟒衣，五彩夺目；南京绸缎，金碧交辉；汤羊美酒，尽贴封皮；异果时新，高堆盘盒。”

蔡京非常高兴，当场就给西门庆三个承诺：一是任命西门庆为“金吾卫衣左所副千户、山东等处提刑所理刑”；二是任命押送礼物的吴典恩做清河县驿丞；三是任命来保为山东郓王府校尉。

一份礼物换来三个人的前程，对西门庆及其同党而言，可谓是相当划算的买卖。

后来，在蔡京的第二次寿宴上，西门庆亲自押送寿礼，这次送的是“大红蟒袍一套，官绿龙袍一套；汉锦二十匹，蜀锦二十匹，火浣布二十匹，西洋布二十匹，其余花素尺头共四十匹；狮蛮玉带一围，金镶奇南香带一围；玉杯、犀杯各十对，赤金攒花爵杯八只；明珠十颗。又体己黄金二百两”。

这第二次的贺礼更是送得蔡太师欣喜异常，寿宴当天，只留了西门庆一个人陪

他喝酒,对一个商人而言,这算得上是至高无上的荣耀了,也让别的人清清楚楚看到了西门庆在蔡太师心目中的地位。

虽然这两份礼单可能是小说家的刻意夸张,但也让我们了解到,西门庆作为商人,和当时那些靠一味节省发迹的传统商人是不同的,他更明白商品交换的真实意义。

天下"财"经

商品的基本属性是价值和使用价值。

价值是商品的本质属性,使用价值是商品的自然属性。一般使用价值越高的商品,价值也越高。

作为商品,首先必须是劳动产品。如果不是劳动产品就不能成为商品。比如,自然界中的空气、阳光等,虽然是人类生活所必需,但这些都不是劳动产品,所以它们不能叫作商品;作为商品,还必须要用于交换,不能作为交换的劳动产品不能叫做商品,比如传统社会中的男耕女织产生的布料和粮食,虽然也是劳动产品,但只是作为自家使用,不能承担交换使命,也不能叫作商品。

经济生活中的商品各式各样,对其区分有三种原则:

一、物质原则,即商品不同的物质性,商品是物质,是客观存在,不同商品的物质内容及存在形式都会不同。

二、时间原则,商品存在的时间,称为商品的时间特征,在不同时间记载的商品是不同的商品。

三、区域原则,商品所处的地理区域,称为商品的区域特征。商品也要从区域特征上加以区分,区域特征相同的商品可以直接进行交换,反之亦然。

财富名人堂

吕志和:男,2013 年《福布斯》全球亿万富豪排行榜上排名第九十八名,净资产一百零七亿美元。中国香港人,从事博彩业。二十世纪六十年代涉足地产发展,八十年代开始拓展酒店业务,九十年代初将业务拓展至中国内地,2002 年取得澳门娱乐牌照,希望发展世界级水平的集度假、消闲、购物、商贸会议及娱乐于一身的旅游事业。

价值
天价理发店

价值，泛指客体对于主体表现出来的积极意义和有用性，可视为能够公正且适当反映商品、服务或金钱等值的总额。

2009 年，在中国的河南省，轰动一时的"天价理发"案件正式宣布开庭，涉案人员叶某当庭宣称自己没有错，声称"理个头发两三万人民币很正常"。

这话还要从一年前说起，2008 年，正在专科学校读书的小雅和她的同学小莉在郑州市的"保罗国际"理发店理发，几个小时下来，两人的理发费竟然高达一万两千元人民币，而在她们消费前，店员曾经给她们展示过店内的消费单，分别是洗剪吹三十八元、洗发用品六十元和护发用品六十元。两人身上只有几百元的生活费，拿不出巨额的理发费，店员便不让她们离开。

后来，店员给她们提了一个意见，说只要办一张店里九千八百元的 VIP 卡，就能享受五折优惠，剩余的钱将会存在卡里当作下次消费的资金。无奈之下，小雅和小莉只好向全班三十多位同学借钱，终于在晚上将近十点的时候离开了理发店。

回到学校后，小雅和小莉在学校老师的帮助下，将理发店告上法庭。在法庭上，涉案人员"保罗国际"的负责人叶某明显对于"对簿公堂"不是很在意，时而挠头揉肩，时而卷起面前的纸张，见到记者拍照还会微笑。维持秩序的民警几次上前，才让他有所收敛。

郑州市二七区人民检察院以强迫交易罪对叶某提起公诉，在庭审中，叶某一再强调，自己只负责发型技术方面的工作，其他的事情一概不管。事发当天，他没有和受害人小雅、小莉说过一句话，办卡一事应该找店长询问。

而"保罗国际"理发店的店长金某则称，按照店里的规定，发型师自己的客人由其全权负责，九千八百元的卡也不是经自己手办的，是受害人在收银台办的。

而发型师认为，事发当天，店长金某了解到两名受害人洗发选择了一百二十元的产品后，认为她们是有消费能力的群体，就授意他让对方多选项目、多消费。后来，叶某知道此事后，就把发型师叫过去骂了一顿，并下了命令：必须让受害人办理九千八百元的总监金卡，否则就要罚款或开除他。发型师还说，按照公司规定，如果发型师不听从总监的安排，受害人当天没有办卡，那么办卡的钱就要由发型师自己垫付。

对于发型师的说法,负责人叶某和店长金某自然是全盘否认,叶某的辩护人更是指责发型师有推卸责任之嫌。

庭审中,法庭还对小雅、小莉两人使用的护发品进行了市场的询价调查,其售价不足三十元,而最后支付的价格却完全和其价值不符,是进货价的六十倍之高。

这次案件庭审时间非常长,从早晨十点一直审讯到晚上十点半,由于涉案之广,甚至未能做到当庭宣判。

天下"财"经

在经济学中,价值是商品的一个重要性质,它代表该商品在交换中能够交换得到其他商品的多少,价值通常通过货币来衡量,也就是我们熟知的价格。故事中一万两千元的理发费就是价格,虽然它是不合理的价格。

按照马克思主义政治经济学的观点,价值就是凝结在商品中无差别的人类劳动,即产品价值。马克思还将价值分为使用价值和交换价值,使用价值是给予商品购买者的价值,是指某个物品具有使用的价值(即该商品多么有用),如水具有很高的使用价值;交换价值是给予商品提供者的价值,指商品可交换其他商品的价值(即该商品多么值钱),如黄金具有较高的交换价值。

商品的价值量是由生产该商品的社会必要劳动时间决定的,社会必要劳动时间是指在现有的社会正常的生产条件下,在社会平均的劳动熟练程度和劳动强度下制造某种使用价值所需要的劳动时间。生产商品的社会必要劳动时间是随着劳动生产率的变化而变化的。因此,劳动生产率越高,生产单位商品所耗费的社会必要劳动时间就越少,单位商品的价值量就越小。故事中价格之所以不合理,就是因为其商品中凝聚的社会必要时间并没有那么多。

财富名人堂

杰克·泰勒(Jack Taylor):男,2013 年《福布斯》全球亿万富豪排行榜上排名第九十四名,净资产一百一十亿美元。美国人,从事服务业。他旗下的企业租车公司、全国租车公司以及阿拉莫租车公司组成了全美规模最大的车队,按照营收计算也是最大的租车公司。

银行
小岛上的"管家"

银行,是通过存款、贷款、汇兑、储蓄等业务,承担信用中介的金融机构。

在远离世俗纷扰的海上漂浮着一个小岛。小岛上的居民并不多,不过一千余人,他们一直过着男耕女织的生活,日子过得悠闲逍遥。

但随着生产力的提高,剩余物品不断出现,岛上民选出来的领袖开始发愁了。东西多了,大家的生活自然会过得更好,但问题也随之出现了,那就是如何交换的问题。岛上的居民在自己的生产物剩余时,就会拿到市场上和别人交换,比如养牛的用牛奶换取别人家的布料,制造布料的再拿牛奶去换锅碗瓢盆。这样的交换虽然实用,但是也存在着问题,比如养牛的人拿着牛奶换了布料,布料制造者拿着牛奶去换锅具,但是制造锅具的人并不需要牛奶,这就导致布料制造者无法换到自己需要的锅具,而牛奶在自己手里久了也会变质,最后变得一文不值。

当人们总是无法交换自己想要的东西时,人心就开始浮动了。照这样的状态发展下去,小岛迟早有一天会发生大乱。

就在领袖一筹莫展之时,岛上的金匠登门造访了。

"听说您最近为了一件事烦心,我有一个好计策。"金匠说。

难得有人愿意出谋划策,领袖很高兴:"说说看。"

"是这样。"金匠掏出自己的账本拿给领袖看,"大家在东西剩余的时候,总是喜欢来我这里兑换些首饰或者锻造好的金块。因为这些东西不容易坏,而且很贵重,大家都喜欢。为此,我萌生出一个想法,能不能将所有需要交换的物品都兑换成金块,再用金块去买自己所需的物品。"

这的确是个好主意。

领袖立即勾画了一个符号,让金匠按照这个符号去锻造金币,大家手里的物品都能够拿到金匠这里兑换成这种金币,然后再用金币去买自己需要的物品。

金币的效果果然不错,小岛上的经济有序运行了一段时间,但新的问题又产生了。

很多岛民向领袖反映,金币携带还是不够方便,而且有的物品不需要一个金币来支付,这就意味着需要把金币分割开来,这样金币就有了磨损,影响再次使用。

领袖把金匠招来,和他商量对策。

金匠想了想说:"不如大家把金币都放在我这里,我来负责给大家开票,大家手里有几个金币,我就给大家开几张票,这样就解决了难以携带的问题。只是关于磨损的问题,我不知道该怎么解决。"

领袖思索片刻:"那就再制造银币、铜币,这样几种币种统一使用的时候,人们就不用发愁金币分割的问题了。"

"是的。"金匠搓着手说,"还是您聪明。我这就着手去办。"

领袖点点头:"那你以后就做小岛的钱币管家吧!你要定期向岛民们汇报你铺子的储备情况,为了方便管理,你的店铺从此更名为银行。"

至此,小岛上有了第一家银行,负责发放、兑换金币等工作。

天下"财"经

银行一词,源于意大利语 Banca,其原意是长凳、椅子,是最早的市场上货币兑换商的营业用具。银行是通过存款、贷款、汇兑、储蓄等业务,承担信用中介的金融机构,主要的业务范围有吸收公众存款、发放贷款以及办理票据贴现等。

故事中的金铺就是银行的最初形态。历史上最早的银行是意大利人于公元1407年在威尼斯成立的。其后,荷兰的阿姆斯特丹、德国的汉堡、英国的伦敦也相继设立了银行。十八世纪末至十九世纪初,银行得到了普遍发展。

大清银行兑换券

在中国,明朝中叶就形成了具有银行性质的钱庄,到清朝又出现了票号。第一次使用银行名称的国内银行是"中国通商银行",成立于1987年5月27日,最早的国家银行是 1905 年创办的"户部银行"，后称"大清银行"。

现代西方国家的银行结构非常繁杂，按职能可划分为中央银行、商业银行、投资银行、储蓄银行和其他专业信用机构。它们构成了以中央银行为中心、股份商业银行为主体、各类银行并存的现代银行体系。

二十世纪以来，随着国际贸易和国际金融的迅速发展，在世界各地陆续建立起一批世界性的或地区性的银行组织。

通货膨胀
丈夫的狡辩

———————————————•◦•◦•◦——⟨——⟩——•◦•◦•◦———————————————

通货膨胀,指因货币供给大于货币实际需求,亦即现实购买力大于产出供给,导致货币贬值,而引起的一段时间内物价持续而普遍上涨的现象。

某日,丈夫沐浴后,发现自己的腰上长了一圈肉,出了淋浴间,他就对妻子说:"我最近肚子变大了。"

正在忙家事的妻子看都没看他一眼,就应声道:"你不是一直号称自己身材标准吗?怎么也会发胖了?"

丈夫走到沙发上坐下,点燃一根烟说:"怎么能说我是发胖了呢?我这个身材叫作与时俱进,不能叫发胖,应该称之为'通货膨胀'。"

"一派胡言!"妻子嗔道,"发胖就是发胖,说什么通货膨胀!"

"不对。"丈夫狡辩说,"发胖是不正常的,而通货膨胀是正常的。"

"通货膨胀正常?"妻子依旧没有停下忙碌的双手,"你别以为我不懂经济学。上学的时候,老师都讲过,通货膨胀时,社会是不正常的,小偷看到钱都不拿,反而会把装钱的篓子拿走。当初,德国发生了通货膨胀;街头的孩子用成捆的马克在堆积木玩;家庭主妇烧饭的时候,懒得去买煤球,就用家里的钱当燃料。这种现象难道是正常的吗?"

"你说的那是通货膨胀达到无法挽回的程度,我所说的通货膨胀是在能控制范围之内。现在人生活水平高了,营养过剩了,人们的体重普遍上升。如果我不跟随潮流长点肉,恐怕当新的身材标准出来时,我就被归为'偏瘦'的行列了。所以我才长点肉,使自己在新标准出来的时候,还能够拥有标准的身材。"

妻子此时已经拿起拖把准备拖地了,看了一眼丈夫,说:"什么破逻辑!"

丈夫哈哈大笑:"这可不是我说的,这是专家说的,他说国际上一般认为通货膨胀率警戒线是百分之三,但中国近期仍然可维持百分之九的经济成长率,所以我们不应该局限于此,标准可以提高到百分之四点五。"

妻子没说话,只是用力擦着地板。

丈夫继续唠叨说:"其实严格算来,我这个也不是一般性通货膨胀,充其量是结构性通货膨胀。"

听到自己没有听过的名词，妻子来了兴趣："什么是结构性通货膨胀？"

丈夫解释说："比如说，我现在肚子长了肉，但是我的胸围、手臂、大腿都没长肉，就像专家说的那样，中国现在也只是房子在涨价，通信、汽车等都在降价，所以不是全面通货膨胀，只是局部的，也就是结构性通货膨胀。"

"狡辩！"妻子摇摇头，"你就是结婚之后缺乏运动，所以才长胖了。"

"哦，说到这个问题。"丈夫又点燃一根烟，"那就更不能怪我了，我这是输入型膨胀。"

"怎么说？"

丈夫嘿嘿一笑："我与你结婚后，每天和你吃的是一样的东西，喝的是一样的东西，晚上还要呼吸你周围的空气，所以我变胖是你传递给我的。"

"是吗？"妻子停下手里的工作，站在原地挑衅地看着丈夫。

"当然，专家说，美国乱印钞票，导致国际油价飞涨，中国要进口大量石油，自然成本就高了。油价一涨，塑料就涨；塑料一涨，各种机器设备就涨了；机器设备一涨，生产出来的饲料、化肥也涨；饲料、化肥一涨，猪肉、白菜也要涨，加上运费也在涨，所以什么产品都涨了。所以说，中国的通货膨胀并不是自身的不健康，而是美国经济有问题。"

"这么说，你变胖完全是我的原因了？"妻子挑眉微笑。

丈夫耸耸肩："按照专家的意思是这样的！"

"别再提什么专家！赶紧过来给我拖地！"

🥮 天下"财"经

通货膨胀实质是社会总需求大于社会总供给（供远小于求）。纸币、含金量低的铸币、信用货币的过度发行都会导致通货膨胀。

通货膨胀对居民收入和居民消费的影响表现在：实际收入水平下降；价格上涨的收入效应和替代效应导致福利减少；低收入者福利受损，高收入者却可以获益；以薪水和租金、利息为收入者，在通货膨胀中会遭受损害；而以利润为主要收入

1923 年德国爆发恶性通货膨胀，孩子们用成捆的马克当积木玩具

者,可能获利。

通货膨胀的类型分为低通货膨胀、急剧通货膨胀、恶性通货膨胀、成本推进型通货膨胀、输入型通货膨胀和结构性通货膨胀。故事中丈夫的狡辩就是以结构性通货膨胀为经济学依据的。

通货膨胀的表现形式有:货币主义、理论模型、曲线位移、攻击面学说和新凯恩斯主义等。国家中央银行,如美联储,可经由设定利率及其他货币政策来有力地影响通货膨胀率。高利率(及资金需求成长迟缓)为央行反通胀的典型手法,以降低就业及生产来抑制物价上涨。

财富名人堂

尔纳斯特·伯德瑞利(Ernesto Bertarelli):男,2013 年《福布斯》全球亿万富豪排行榜上排名第九十四名,净资产一百一十亿美元。瑞士人,从事生物制品、金融、投资业。他出生于富豪世家,十岁开始跟随其父亲接触商界,十七岁时帮助公司做年度预算,三十一岁时正式接替父亲成为家族企业(雪兰诺公司)的 CEO,并带领公司进入世界医药界前三位。

GDP
"吃狗屎"创造出的财富

GDP，也就是国内生产总值，是一定时期内一个国家（或地区）的经济中所生产出的全部最终成果（产品和劳务）的市场价值。

安迪和凯米是经济学系的两名研究生，因为两人的实力相当，所以他们的关系一直处在亦敌亦友的状态。

这天，两人在一起上学的路上，看到了一坨狗屎。

安迪对凯米说："凯米，如果你把这坨狗屎吃了，我就给你五千万。"

听了这话，凯米心里动起了小算盘，这安迪虽然一直和自己不和，但优点是家里够有钱，而且此人一向是说话算话的，不过就是吃坨狗屎，大不了拿到钱之后去洗胃。

于是，凯米蹲下来，把那坨狗屎吃得一点不剩。安迪也按照之前说的那样，给了他五千万的支票。

两个人继续往学校走，虽然还是有说有笑的，但是彼此心里都不舒服。安迪怨恨凯米竟然没有下限，害他白白损失了五千万元，而凯米也在抱怨自己的行为，他竟然在自己"敌人"的面前吃了一坨狗屎，要是安迪无法保守秘密，那他在学校还怎么立足？

就在两人都懊悔不已时，他们发现前方又出现了一坨狗屎，懊悔不已的凯米决定放弃自己赢到的五千万元，他对安迪说："跟你商量一件事情。"他指着那坨狗屎说："如果你把这坨狗屎吃了，我就把你给我的五千万还给你。"

安迪心下犹豫，虽然吃了狗屎可以把自己的钱拿回来，但是吃狗屎也太恶心了点，万一凯米说出去……

但他转念一想，凯米自己也吃过狗屎，如果他在学校说自己吃狗屎的事情，那就来个鱼死网破，也将他吃过狗屎的事情说出去。

就这样，安迪也吃了一坨狗屎。

继续往学校走的路上，两个人都晦气极了，什么都没得到，反倒两人都吃了一坨狗屎。

来到学校后，教授见安迪和凯米一脸沮丧，就将他们叫到自己的办公室，问到底发生了什么事。

两人犹豫了半天，最后难为情地说出了实情。

教授听后，笑着把教科书打开，翻到介绍 GDP 的一页对他们说："你们看，虽然你们什么都没有得到，但是你们却为国家贡献了一亿元的 GDP！"

天下"财"经

GDP，即国内生产总值，是指在一定时期内（一个季度或一年），一个国家或地区的经济中所生产出的全部最终产品和劳务的价值，常被公认为衡量国家经济状况的最佳指标。它不但可以反映一个国家的经济表现，还可以反映一国的国力与财富。

它与国民生产总值（GNP）不同之处在于，GDP 不将国与国之间的收入转移计算在内。也就是说，GDP 计算的是一个地区内生产的产品价值，而 GNP 则计算一个地区实际获得的收入。

最常见的计算公式是：GDP＝消费＋投资＋政府支出＋出口－进口。

意思就是，老百姓花费的总数＋存到银行的钱＋政府的花费＋出口到国外总值－从国外进口货物总值，这是会计学上说的，通俗点说就是算账。

GDP 在实际核算方法上，有三种计算方法：生产法、收入法和支出法。

一、生产法，将国民经济各行业的增加值相加，得到国内生产总值。

计算公式为：增加值＝总产出－中间投入。

二、收入法，国民经济各部门的增加值之和等于国内生产总值。

计算公式为：增加值＝劳动者报酬＋生产税净额＋固定资产折旧＋营业盈余。

三、支出法，将最终消费、资本形成总额、政府支出以及货物和服务的净出口总额相加，得到国内生产总值。

计算公式为：GDP＝政府消费＋居民消费＋资本形成总额＋货物和服务净出口。

无论是从生产、收入和支出的哪一个角度核算，理论上结果都应该是一致的。但在实际操作中由于数据源不同，计算结果会出现某些差异，这种差异称之为统计误差，而一定限度内的统计误差是允许出现的。

激励机制
不吃青蛙的蛇

激励机制,是在组织系统中,激励主体系统运用多种激励方法并使之规范化和相对固定化,而与激励客体相互作用、相互制约的结构、方式、关系及演变规律的总和。

在清澈的河面上,渔夫撒下了黄昏前的最后一次网。

"今天的收成真不错。"渔夫看着自己满仓的鱼,十分满意,就等着最后收网打道回府了。

当渔夫刚想收起最后一网鱼的时候,发现在成堆的鱼儿中有一条青蛇,青蛇嘴巴里还叼着一只青蛙。

青蛙看到有人注意到自己,就大声呼叫道:"好心人,求求你救救我吧! 我不想被它吃掉啊!"

渔夫很同情青蛙的惨状,就与青蛇商量说:"你把青蛙放了,我给你鱼吃行不行?"

青蛇摇头说:"我想吃鱼的话,自己随时可以去抓。"

渔夫环顾自己的渔船,除了鱼,也没什么东西可以跟青蛇交换了。而狡猾的青蛇嘴里叼着青蛙,狡黠地看着他,等着他开出更好的条件。

渔夫转身拿起鱼叉,举起来向青蛇示威道:"你要是不把这只可怜的青蛙放走,我就用鱼叉把你叉死。"

"就凭你?"青蛇轻蔑地说,"恐怕鱼叉还没举起,我尖锐的牙齿就已经咬到了你的咽喉了。"

说完,青蛇吐出蛇信子,做出威胁渔夫的姿态来。

渔夫心想,拼速度的话,自己肯定是拼不过青蛇,可是自己还能拿什么来跟它交换呢?

渔夫看看自己一身的破烂衣服,目光停在了腰间挎着的那壶酒上。

他抱着试一试的态度,解下腰间的酒壶,试探地靠近青蛇:"你要不要喝点酒?"

"酒?"青蛇来了兴趣,瞳孔隐隐发光,"我听说过这个东西,但是从来没喝过,给我尝一尝吧!"

渔夫给青蛇灌了几口酒，青蛇觉得很好喝，就放了可怜的青蛙，自己也乐滋滋地离开。

救下青蛙后，渔夫收起最后一网鱼打算回家，就在他返航的路上又遇见了青蛇，青蛇此刻嘴里叼着两只青蛙。

渔夫诧异地问："你这是做什么？怎么又回来了？"

青蛇可怜兮兮地答道："我给你带来了两只青蛙，你再给我喝几口酒吧！"

天下"财"经

只要给员工他没有的或者是他需要的（比如故事中青蛇没有的酒），就会产生意料不到的激励效果，这个激励效果的完成机制就是激励机制。

激励机制包含以下几个方面：

一、诱导因素集合，就是用于调动员工积极性的各种奖酬资源。

二、行为导向制度，就是组织对其成员所期望的努力方向、行为方式和应遵循的价值观的规定。

三、行为幅度制度，即对由诱导因素所激发的行为在强度方面的控制规则。

四、行为时空制度，指奖酬制度在时间和空间方面的规定，包括特定的外在性奖酬和特定的绩效相关联的时间限制。

五、行为归化制度，指对成员进行组织同化和对违反行为规范或达不到要求的处罚和教育。

激励机制一旦形成，它就会对组织产生作用，作用可划分为助长作用和致弱作用。

财富名人堂

约翰·保尔森（John Paulson）：男，2013年《福布斯》全球亿万富豪排行榜上排名第九十一名，净资产一百一十二亿美元。美国人，从事金融、对冲基金业。他是Paulson&Co.公司总裁，这家公司是一家总部位于纽约的对冲基金。约翰·保尔森也是美国次贷危机中的最大赢家，在这次金融危机中大肆做空而获利，因此被人称为"华尔街空神"。

薪水
一只牧羊犬的绩效薪水

薪水，是用人单位以货币形式支付给劳动者的劳动报酬，包括计时薪水、计件薪水、奖金、津贴和补贴、加班薪水以及特殊情况下支付的薪水等。

远离闹市的乡下，坐落着一个美丽的农场。

这里除了农场主人一家外，还有一群羊、一群牛、一只永远趾高气扬的小公鸡和围绕它身边的几只小母鸡。

农场中的小动物们除了晚上要回窝睡觉外，其余时间都是由农场主人带着四处寻觅食物和嬉戏。时间长了，农场主人对这种生活很烦闷，就张贴招募启事，想找一个帮手来替代自己。

首先来应征的是一只拥有多年工作经验的牧羊犬。

农场主人为了吸引牧羊犬来这里工作，就对它说："我这里除了管吃管住外，每月支付你一斤羊毛作为薪水。"

牧羊犬对这个薪资水平根本不满意："这有什么稀奇的，别家也是这么承诺我的。而且你这里动物又多，我看管起来会很费力的。你最好多给我点薪水，不然我就去别家工作了。"

"这样吧！除了固定的薪水外，年底我还会另外支付给你三斤羊毛作为绩效薪水。"

"绩效薪水？"听到这个新名词，牧羊犬来了兴致，"什么是绩效薪水？"

"这样跟你解释吧！我们先设定一个目标，这个目标就是，在你看管农场的这一年内不准丢失任何一只动物。如果你能做到，我到年底的时候，就会多给你三斤羊毛作为奖励。"

只要完成本职工作，就能多拿三斤的羊毛，牧羊犬很满意这个条件，就和农场主人签订了为期一年的合约。

在这一年里，农场主人几乎每天都在找牧羊犬的错误，并且拿这些错误作为借口来扣减牧羊犬的薪水。长时间下去，牧羊犬觉得自己几乎要崩溃了，它多次提出辞职，都被农场主人以年底的绩效薪水作为诱饵而劝退。不可否认，那多出来的三个月薪水还是很让牧羊犬动心的。

就这样,牧羊犬在农场里足足工作了一年,终于到了年底。农场主人将牧羊犬叫到自己的房间,拿出足足四斤羊毛对牧羊犬说:"感谢你这一年帮我的忙,这里有四斤羊毛,是你这一年的绩效薪水和额外奖励。"

牧羊犬拿着羊毛,激动地对农场主人说:"多谢老板,我来年还会好好看管您的动物们。"

"来年?"农场主人诧异地问,"你不是说要辞职吗?"

"您对我这么好,我怎么会辞职呢?"牧羊犬抱着四斤羊毛,高兴地不肯放手,"那我就去忙了!"

"去吧!"

其实,农场主人也很满意,在这一年里,他通过各种借口扣减牧羊犬的薪水,远远多出四斤羊毛了。整体算下来,牧羊犬这一年薪水还低于当时面试谈过的"每月一斤羊毛"呢!

既赚到了钱,又能让自己的员工满意,农场主人简直要为自己的智慧喝彩了。

天下"财"经

薪水是生产成本的重要部分,法定最少数额的薪水为最低薪水,同时薪水也有税前薪水、税后薪水、奖励薪水等各种划分。

薪水分配遵循按劳分配原则及宏观调控原则。

影响薪水等级的因素主要有:

一、内在因素,是与劳动者所承担的工作或职务的特性及其状况有关的因素。主要内容包括劳动者的劳动、职务的高低、技术和训练水平、工作的时间性、工作的危险性、福利及优惠权利、年龄及年资。

二、外在因素是指与工作的状况、特性无关,但对薪水的确定构成重大影响的一些经济因素。主要内容包括生活费用与物价水平,企业负担能力,地区和行业间通行的薪水水平,劳动力市场的供需状况,劳动力的潜在替代物,产品的需求弹性。

故事中提到的绩效薪水也是部分国家实行薪水制度的一部分,是指用人部门除了佣金外,根据员工绩效考核(指标完成率)而增发的奖励性质的薪水。

内卷化效应

牧童的故事

内卷化效应就是长期从事一项相同的工作,并且保持在一定的层面,没有任何变化和改观。这种行为通常是一种自我懈怠、自我消耗。

某杂志社的社长办公室中,一位年轻的记者正在说服他的上司,希望他能同意自己去乡村调查的请求。

"社会上值得报道的事情那么多,为什么一定要去乡村?"社长不同意年轻记者的请求,"更何况,有专门的乡村类型的杂志会去做报道,我们作为一本上班族读物,没有必要去关注不属于我们的读者群体。"

"是这样的,社长。"年轻记者解释说,"二十世纪六十年代末,美国一位名叫克利福德·格尔茨的人类学家,曾在爪哇岛生活过。他在爪哇岛并不是享受度假,而是致力于观察当地人的生活。经过几年的观察,他发现原生态农业在维持着田园景色的同时,长期停留在一种简单重复、没有进步的轮回状态。农民每天就是日出而作,日落而息,日复一日,年复一年。我觉得这个现象在当今的乡村也存在,而这个现象对于都市的上班族也是有启发作用的。"

社长陷入沉思,年轻记者趁热打铁说:"虽然都市中的上班族并不会像农民一样,每天重复完全一样的工作,但是,在上班族之中,类似这样的自我消耗、自我懈怠的现象也是存在的。如果我能亲临乡村,找到一个能警醒大家的实例,对于上班族们肯定有很大的督促作用。"

社长认为有道理,说:"那你去吧!回来的时候要交给我一个完美的实例。"

就这样,年轻记者来到了一个落后的乡村,在这里进行为期一周的观察,他的观察结果和克利福德·格尔茨的观察结果完全一致,但他承诺社长的最符合内卷化效应的实例却一直都没有找到。直到临走躺在草地上休息时,他遇到了一个牧童。

他问牧童:"你为什么要放羊呢?"

牧童觉得这个问题很可笑:"当然是为了卖钱啊!"

"卖钱了之后呢?"年轻记者又问。

牧童回答:"长大了娶个媳妇。"

"娶媳妇之后呢?"

"生孩子。"

"生完孩子呢?"

"放羊。"

"……"年轻记者说不出一句话,但心里却很高兴,这简直就是"内卷化效应"的最佳实例。

回到杂志社之后,年轻记者将自己和牧童的这番对话写成了一篇精彩的报道,当期杂志的销售量突破新高,很多读者都说对自己的触动极大。

天下"财"经

内卷化效应是美国人类学家克利福德·格尔茨所冠名的,是指长期从事一项相同的工作,并且保持在一定的层面,没有任何变化和改观。这种行为通常是一种自我懈怠、自我消耗。

一个企业只有在不断的创新中才能得到发展,如果不能引进新的管理机制,不断提升自己的竞争力,最终得到的结果只能是被市场淘汰。换言之,一个管理落后、不肯变化自己行为模式的公司最后只能让自己陷入内卷化效应之中。

对人而言,也是一样的道理。如果一个人总是不思改变,缺乏斗志,最后也会像故事中的牧童一样,陷入周而复始的轮回状态。

可见,不管是企业,还是个人,事业的进步、财富的累积和增长都离不开创新。

所谓创新,实际上就是获得新知识和扩充新知识并能发现新事物的能力。

在知识经济的时代,创新是核心的竞争力,只有始终走在前面,不断求新求变,财富才会滚滚而来。

财富名人堂

哈罗德·哈姆(Harold Hamm):男,2013年《福布斯》全球亿万富豪排行榜上排名第九十名,净资产一百一十三亿美元。美国人,从事石油开采、其他采掘、天然气业。父母是俄克拉何马州的农民,他从小做过挤牛奶、收鸡蛋、喂鸡的工作,身为家中十三个孩子之一,他只获得了高中文凭。哈罗德·哈姆从事的第一份工作是用泵抽天然气,后创办了哈乐德·哈姆卡车运油服务公司和大陆资源公司。

路径依赖
戴尔的崛起

路径依赖，是指人类社会中的技术演进或制度变迁均有类似于物理学中的惯性，即一旦进入某一路径（无论是"好"还是"坏"）就可能对这种路径产生依赖。

十二岁，对一般孩子来讲，还是在父母的怀抱中肆意撒娇的年龄。但对戴尔来说，却已经是跳出父母给自己划定的路线，开始独立创造财富的年龄了。

戴尔在十二岁那年爱上了集邮，和别的孩子不同，他集邮除了是一门兴趣与爱好外，还是赚钱的方法之一，他常常搜集那些难得的邮票，然后交给拍卖会去卖，再用得到的费用继续购买新的邮票，等待新的赚钱机遇。

戴尔一直用这样的方式在赚钱，直到有一天，他在报纸上看到了一则新闻，决定跳出这种赚钱模式，寻求一种崭新的、或许能赚到更多钱的方式。

戴尔找到自己的邻居，这位邻居和他一样有着集邮的兴趣与爱好。

戴尔的来访让邻居很意外，此时没有什么拍卖会，也没什么新的邮票出现，而戴尔平时只会在这两个时候找到他互通消息。

"你来找我有什么事吗？"邻居为戴尔端上咖啡问，虽然这个孩子只有十二岁，但他的赚钱能力一直让邻居不敢小觑。

"我来找你，是想到了一种新的卖邮票方式，这个方式可以让我们赚更多。"

"我们卖邮票不是一直都找拍卖会来操作吗？为什么你突然想换方式呢？"

戴尔拿出计算器和邻居算了一笔账："我们来算算看，一张邮票交给拍卖会，他们会收取中介费，而我们如果在报纸上刊登广告，直接找到买主，不仅能赚到邮票的钱，还能把中介费给一起赚了。更重要的是，我们可以直接面对买主，不仅能交到更多志同道合的朋友，还能了解他们的真正需求，我们下次购买邮票时，也就有的放矢了。"

邻居觉得这个主意很不错，立即给报社打了电话，谈好邮票出售的广告刊登事宜。

广告刊登后的第三天，戴尔的邮票就被人订购了。除去广告费的开支，戴尔此次出乎意料地赚了两千美金，这是他第一次尝到抛弃中间人、和买主直接接触的好处。在他之后的生意中，一直秉持着这种直接销售的模式。

上中学后，戴尔对计算机有了浓厚的兴趣，他从店里买来零件，自己进行组装，再把组装好的计算机卖给别人。在这整个过程中，他发现 IBM 一台售价三千美元的笔记本电脑，零件仅需要七百美元就可以买到。于是，他就坚持自己改装计算机，还经常按照客户的需求提供不同功能的计算机。这些经历都为日后 DELL 公司的崛起奠定了发展道路，而戴尔本人也凭借这种商业模式在 2002 年被《财富》杂志评为五百强企业家中的第一百三十一位。

天下"财"经

一旦人们做了某种选择，就好比走上了一条不归路，惯性的力量会使这个选择不断自我强化，并让你一路坚持下去。

在故事里，戴尔是从组装计算机开始寻找到了适合自己的商业路径，从而在这一路上不断自我强化，最终攀上了财富的高峰。

人们在日常生活中常常会遵循路径依赖效应，比如，人们往往习惯光顾自己熟悉的商店，会选择同一方式来进行自己的工作，会长期购买同一品牌的商品。但需要注意的是，在一直遵循同一路径进行生活时，也需要具备面对条件变化随时调整自己生活路径的能力。比如，戴尔在邮票买卖中赚到的第一桶金就是调整了自己的经商路径得来的。

让"路径依赖"理论声名远播的是道格拉斯·诺思，他用"路径依赖"理论成功地阐释了经济制度的演进，并于 1993 年获得诺贝尔经济学奖。

财富名人堂

杰拉尔德·卡文迪什·格罗夫纳（Gerald Cavendish Grosvenor）：男，2013 年《福布斯》全球亿万富豪排行榜上排名第八十九名，净资产一百一十四亿美元。英国人，从事房地产开发业。他是英国最富有的地产商，也是最大的地主。除此之外，他在其他国家，如加拿大、西班牙等国也拥有土地。

金本位
美元阴谋的破产

金本位制是以黄金为本位币的货币制度,即每单位的货币价值等同于若干重量的黄金。当不同国家使用金本位时,国家之间的汇率是它们各自货币的含金量之比。

二十世纪七十年代初,在巴黎、伦敦等城市的街头上,出租车挂上了"不再接受美元"的牌子,乞丐也在自己的帽子上写上"不要美元"的字样,一时间美元像是病菌携带物一般,处处遭人嫌弃。银行、旅馆、商店的态度也是一样,当客户携带美元出现时,服务人员都是一副恨不得将客户赶出房门的表情。

可是谁会想到,仅仅两年前,美元还是能够代替黄金的贵"钱币"。

想要了解这一现象,就要从第二次世界大战开始讲起——

第二次世界大战,是继一战之后发生的人类历史上最大规模的战争,作战双方分别为:以德国、意大利、日本法西斯等轴心国及保加利亚、匈牙利、罗马尼亚等仆从国为一方;以美国、英国、苏联、中国等反法西斯同盟和全世界反法西斯力量为另一方。

这场战争先后有六十一个国家和地区、二十亿以上的人口被卷入,虽然最终正义的一方获胜,但全世界人民为胜利付出的代价却过于惨重。但有意思的是,当第二次世界大战即将结束的时候,人们却发现美国成了这场战争最大的受益者。有关数据显示,美国当时拥有的黄金储量占世界各国官方黄金储备总量的百分之七十五以上,几乎全世界的黄金都通过战争流到了美国。

在这个背景下,美国邀请参加筹建联合国的四十四国政府的代表在美国布雷顿森林举行会议,签定了"布雷顿森林协议"。

其中规定,美元和黄金挂钩,其他国家的货币与美元挂钩,也就是代表着美元从此就成了国际清算的支付方法和各国的主要储备货币,取代了之前一直沿用的金本位制度。

布雷顿森林体系对于维持第二次世界大战后欧美国家的经济制度做出了巨大的贡献,但是,美元毕竟不是贵金属,其本身是没有价值的,只不过是一国发行的纸币而已。随着战后经济的逐步复苏,人们渐渐发现自己手里的美元变得不值钱了,在 1971 年 7 月第七次美元危机爆发后，尼克松政府宣布实行"新经济政策"，停止履行外国政府或中央银行可用美元向美国兑换黄金的义务。而在当年十二月的《史密森协定》中，美元对黄金贬值，美联储拒绝向国外中央银行出售黄金。至此，美元与黄金挂钩的体制名存实亡。

各国代表签订"布雷顿森林协议"

两年后，西欧出现抛售美元，抢购黄金和马克的风潮。使得"布雷顿森林协议"中的固定汇率制度也完全垮台了。

至此，美国政府想用美元替代黄金的计划彻底宣布破产。

天下"财"经

金币本位制是由牛顿创立的，最早实行的国家是英国。

英国政府在 1816 年颁布了铸币条例，发行金币，规定一盎司黄金为三镑十七先令十点五便士，银币则处于辅币地位。

金本位盛行于十九世纪中期，在历史上，曾有过三种形式的金本位制度：金币本位制、金块本位制、金汇兑本位制。其中金币本位制是最典型的形式，在经济学上，狭义的金本位制就是指金币本位制。

金币本位制，也就是以黄金为本位币的货币制度。在金本位制下，每单位的货币价值等同于若干重量的黄金（即货币含金量）；当不同国家使用金本位时，国家之间的汇率由它们各自货币的含金量之比——金平价来决定。

金币本位制的内容包括：用黄金来规定所发行货币代表的价值；金币可以自由铸造，任何人都可将金砖交给国家造币厂铸造成金币，也可用金币兑换成金砖；金币具有无限制支付方法的作用；各国的货币储备是黄金，国际结算也使用黄金。

　　金本位制通行了约一百年,在第一次世界大战爆发后,各国实行自由浮动的汇率制度,汇价波动剧烈,国际货币体系的稳定性已不复存在,金币本位制宣告结束。

财富名人堂

　　约翰·弗雷德里克森(John Fredriksen):男,2013年《福布斯》全球亿万富豪排行榜上排名第八十七名,净资产一百一十五亿美元。塞浦路斯人,从事航运业。高中辍学,他最初进入一家船务经纪公司,二十九岁开始独立工作。二十世纪八十年代,他的油轮在伊拉克与伊朗战争期间冒风险运输石油并攫取巨额利润,为他赚得"第一桶金"。

山寨产品
不"抄袭"不苹果

山寨产品,是指为了满足那些受消费能力限制,无法购买生活需求品的群体对某种欣赏的产品的消费欲望,通过"复制、模仿、学习、借鉴和创新改良"等方法,推向市场的产品。

在一次聚会上,吉姆偶遇了自己多年前的同学乔安,多年不见,两人自是热情寒暄了一阵子。在畅谈完童年趣事之后,两人自然地将对话的主题转移到各自目前的工作上。吉姆很自豪地向老同学介绍了自己正为苹果公司服务,他不仅对自己的工作和公司感到自豪,对苹果的灵魂人物史蒂芬·乔布斯更是大为崇拜。

乔安只是撇撇嘴,依旧和多年之前一样毒舌:"一个只靠山寨别人产品的公司,有什么值得骄傲的。"

"山寨?"吉姆觉得不可思议,"你说苹果公司别的缺点我或许能够认同,但是你说苹果公司'山寨'他人的产品,我实在是无法苟同。"

他掏出自己的苹果手机,熟练地打开影片播放:"你看看这个。"手机上播放的正是乔布斯在 2007 年第一代 iphone"出世"时在发布会上的表现,乔布斯神采飞扬地向世界展示在当时还没有被广为接受的"触控式"手机,舞台之下的苹果粉丝们都激动得热泪盈眶。

"这也没什么。"乔安不屑地说,"苹果并不是触控式手机的创始人,乔布斯只不过是将之推广开来而已。"

"苹果怎么不是触控式手机的开创者?"吉姆争辩道,"我们能看到的第一部触控式手机难道不是 iPhone1 吗?"

"我们在市场上见到的第一部触控式手机的确是苹果的,但是你要知道,苹果的设计师在 2006 年提交过一份 iPhone 原型机的设计稿,稿子上很清楚地写明,其创意理念来自于索尼某款被淘汰的 Walkman,为了证明与索尼的关系,设计师还在稿子里画的产品上打上了索尼的 Logo。"

"就算你说的都是真的,那么苹果也不过是在借用索尼的一些不成熟的想法,然后将之变得更加适应商业化而已。哪怕是大家同时想到了开发触控式手机的方法,也是苹果将其发扬光大的,索尼只不过是把它丢进垃圾桶里而已。谁的水平比较高一些,不用我多说了吧?"吉姆又摆出一副得意洋洋的表情来。

"那么,iOS 6 系统中出现的指针钟表几乎和瑞士火车站的钟表在外观上一模一样,这个问题你怎么解释呢?"

"呃……这个问题。"吉姆也表现出了犹豫的神情。毕竟2012年瑞士联邦铁路公司控告苹果抄袭其钟表设计的问题,苹果公司也是表现出了愿意"协商"的态度,而不是以往"得理不饶人"的强硬姿态。

"说不出话了吧?"乔安哈哈大笑起来,"不抄袭怎么会是苹果呢?"

"喂!"吉姆不高兴起来,"说了这么多,你是在什么公司服务呢?"

"我在三星啊!"

"哈哈!"吉姆转怒为乐,"就是那个因为抄袭被判给苹果公司巨额赔偿的公司?在抄袭这方面,苹果还真是要对你们甘拜下风呢!"

天下"财"经

山寨产品虽然在专利保护方面或多或少会对原产品有侵权行为,但也同时具有积极意义。

它是市场经济培育期的必然现象,"山寨文化"是一种民间的智慧和创新,"山寨模式"是发展中国家市场经济发展的必经之路。人们应该辩证地分析看待"山寨现象",深层剖析"山寨现象"的社会意义。

故事中苹果的行为在某种程度上也可以被视为是"山寨"其他产品,如果所有的"山寨产品"都能用正确的态度规范化自己的"山寨"行为,则或许能进一步繁荣市场经济。

经济人
君子国的讨价还价

经济人,即假设人的思考和行为都是理性的,唯一试图获得的经济好处就是物质性补偿的最大化。

在中国清朝小说《镜花缘》中,杜撰了一个国家,叫作君子国。顾名思义,生活在这个国度里的人都是君子,无论贫穷贵贱,他们的举止言谈都是彬彬有礼的,做起商品交易来也是大公无私,没有任何私心的。

作为一个开放的国度,君子国里的人也要进行商品交易,只是和君子国外的人不同,君子国里买东西的人往往主动要求多给钱,而卖东西的人则要求少要钱。

《镜花缘》绣像

有个人想要为妻子买一串珠宝项链,他拿起一串祖母绿的宝石项链问卖东西的人:"这串项链多少钱?"

卖东西的人仔细看了看自己的项链,回答说:"你看这个东西值多少钱?我看你已经来来回回走过很多遍了,相信对价格你在自己的心里已经有了定位。"

买东西的人也不客气,开口对卖东西的人说:"给你一百两白银吧!"

"一百两白银太多了,您太客气了。"卖东西的人婉拒道。

买东西的人大吃一惊:"我付给您的钱已经算是少的了,您怎么还说多呢?你这样的话,我怎么能买呢?"

卖东西的人表现得很诚恳:"您看我这项链,颜色不如老王家的纯正,裂缝处理也不如隔壁老李家的完美,我怎么好意思要你花那么多钱来买我这个不太完美的商品呢?"

买东西的人摇头道:"我是识货的人,你这个是纯天然的祖母绿宝石,他们虽然花色比你好,但是都是人工的,我还是想要买天然的送给我老婆。"

卖东西的人虽然心里很高兴,但嘴上还是说着:"既然你真的想买,那就照你说的半价转让给你吧!"

"不好,不好。"买东西的人慌忙摆手,"这么好的项链,一百两已经是很低的价格,我怎么能半价占您便宜呢? 这样对您太不公平了。"

卖东西的人说:"一点都不失公平。你要真的想买,就半价拿走;如果你不愿意,就到别家去看看吧! 看看他们那里是不是有更适合的商品。"

买东西的人实在是很喜欢这串项链,不由分说给了一百两白银就想把项链拿走。卖东西的人一看急了,大嚷大叫起来,坚决不让他走,引来了一堆群众围观。

围观的群众了解到事情的原委后,都纷纷指责买东西的人"欺人不公",买东西的人实在没办法,只好和卖东西的人商量,拿了原本打算买的那串祖母绿项链,又附带了一套银饰才最终作罢。

🪙 天下"财"经

经济人的概念来自亚当·斯密《国富论》中的一段话:每天所需要的食物和饮料,不是出自屠夫、酿酒家和面包师的恩惠,而是出于他们自利的打算。不说唤起他们利他心的话,而说唤起他们利己心的话,不说自己需要,而说对他们有好处。

经济人的概念是针对"道德人"和"社会人"的,它假设人的行为动机就是为了满足自己的私利,工作是为了得到经济报酬。它认为经济人是以完全追求物质利益为目的而进行经济活动的主体。人都希望以尽可能少的付出,获得最大限度的收获,并为此不择手段。故事中君子国的"讨价还价"宗旨是违背了经济人假设的。

美国工业心理学家麦格雷戈提出过针对"经济人"假设的概括。他提出多数人天生是懒惰的,他们都尽可能逃避工作;多数人都没有雄心大志的;多数人的个人目标都是与组织目标相矛盾的,必须用强制、惩罚的管理办法;多数人工作都是为满足基本的生理需要和安全需要;人大致可分为两类,多数人都是符合上述设想的人,另一类是能够自己鼓励自己,能够克制感情冲动的人,这些人应负起管理的责任。

柠檬市场

二手车市场的瓦解

柠檬市场也称次品市场,是指信息不对称的市场,即在市场中,产品的卖方对产品的质量拥有比买方更多的信息。

X市场是远近闻名的二手车市场,几乎所有想买二手车的人都会到这里来挑选、交易,但出乎意料的是,这个庞大的二手车市场竟然在一夜之间倒闭了。这让远道闻名而来的Y先生颇为意外。

Y先生沿着X市场的外围绕了一圈,随处可见破败的景象。大部分的商家都已经关门回家了,仅有几家还坚持开业的,店主也都是打着哈欠,眼睛无神地盯着来往的几位客人,完全没有招呼的欲望。

到底是什么让这风靡一时的二手车市场变得如此萧条?新闻记者出身的Y先生忍不住带着疑问来到了市场管理处。

市场管理处的工作人员热情接待了他,于是,两人就有了如下的对话——

Y先生问:"我想来买一辆二手越野车,现在看起来,X市场是不是没有办法达成我的愿望了?"

管理处的工作人员点头道:"这个市场已经完蛋了,你要是想买二手车,还是看看能不能跟个人做交易吧!"

"选择与个人交易的话,完全陌生的两个人,谁也不知道对方诚信如何,如果他给我的是一个外表崭新而内在完全报废的车,我岂不是就吃亏了?"

"你以为X市场是怎么破产的?不就是这个原因吗?"

Y先生表示不解:"愿闻其详。"

"举个简单的例子吧!"管理处的工作人员端起茶杯喝了一口,又把茶杯放回桌上,"我之前想把我一百五十万的车给卖了,就拜托市场上比较熟的商家,你知道最后他们给我的预估成交价是多少吗?"

"三十万?"

管理处的工作人员深深看了Y先生一眼:"没错,看来你是做过功课的,三十万的确是我那辆车的理想价位,可是商家给我的最终估价却只有二十万。"

"差这么多?"Y先生不可思议地说,"是你熟悉的商家打算自己吞掉那差价的十万吗?"

"不是。"管理处的工作人员说,"这个市场,最初还是有些好货色的。好车和坏车的比例大概是百分之五十。好车的价值是三十万左右,质量较差的大概在十万左右,所有车的平均价值是在二十万左右。这个信息是大家都知道的,所以每个人来到市场都想用二十万买到一辆好车。"

听到工作人员口中对买主的轻视,Y 先生忍不住为买主辩解道:"这个问题也怪不了买主,毕竟他们不了解车辆的真实情况。他们只知道自己有可能买到那百分之五十的好车,但更有可能买到那百分之五十的坏车,毕竟你去问商家,他们都会说自己的车是好车。"

"是的。"管理处的工作人员并没有反驳 Y 先生的话,反倒顺着他的话说下去,"正因为这样,我就不想卖我的车了。而与我情况相同的卖家越来越多,这个市场上的好车也越来越少,后来当人人都拿二十万来买辆坏车的时候,这个市场也就玩完了。"

Y 先生恍然大悟:"这活脱脱就是柠檬市场理论啊!"

天下"财"经

1970 年,三十岁的经济学家乔治·阿克尔罗夫发表了《柠檬市场:质量不确定和市场机制》的论文,开创了逆向选择理论的先河。他凭着该论文,获得 2001 年的诺贝尔经济学奖。

"柠檬"在美国俚语中表示"次品"或"不中用的东西",因此,柠檬市场也称次品市场,是指信息不对称的市场,即在市场中,产品的卖方对产品的质量拥有比买方更多的信息。柠檬市场在极端情况下,就会像故事中的二手车市场一样,劣等品会逐渐占领市场,从而取代好的商品。

如同故事中所展示的那样,柠檬市场的存在是由于买方并不知道商品的真正价值,只能通过市场上的平均价格来判断平均质量,由于难以分清商品好坏,因此也只愿意付出平均价格。但平均价格对好的商品来说是不公平的,商家为了追求利益的最大化,会逐步用低于平均价的商品充斥市场,最后导致只剩下差商品。在这样的情况影响下,买家面对价格较高的好商品时,也会持怀疑态度,最终还是会挑选一件价格较低的差商品,从而形成市场的恶性循环。

物价水平
十一楼的三个住户

物价水平是指整个经济的物价,是用来衡量所在的目标市场潜在的消费能力和分析其经济状况的重要指标。

在一个中等小区的十一楼住着三户人家,各家的主人分别是甲、乙和丙。

住在一一〇一室的甲是标准的当地人,祖孙三代都生活在这个城市,早就累积到了一定的财富,到了甲这一代,已经是在当地拥有八间房产的富足人家了。甲每天无所事事,仅靠每月八间房的房租就已经生活得比一般的上班族还要幸福了。

住在一一〇二室的乙是一个从外地来当地工作的上班族,和大部分来到大城市的年轻人相似,他毕业于知名大学,靠上班赚薪水维生,远在千里之外的父母心疼儿子,给他在这个城市买了一间房子。因为这个城市的房价过高,老人们也只能用一生的积蓄给儿子付了首付款,乙每个月都要把自己薪水的大部分用来支付房贷。

住在一一〇三室的丙是个商贩,没什么文化,靠着在这个大城市里卖菜才积存了一点钱,但他的收入远远不能负担当地的房价,为了让孩子在小区附近的学校入学,他狠心租了这间房子。

后来,甲、乙、丙三个人听到了一个消息,国家决定增收地价税和房屋税。这个消息让丙很高兴,他对妻子说:"太好了,反正我们没有房子,让那些炒房的人吃屎去吧!等他们都破产了,房价降低了,我们说不定就能在这个城市买间房子,彻底扎根了。"妻子也很高兴,跟着丙更加努力经营。

乙听到这个消息,说不上高兴还是不高兴,他打电话给家里的父母说:"反正我就一间房子,收那些房子多的人的地价税和房屋税。说不定房价大跌,我还能再买一间作为投资。"父母听了也很高兴。

最不高兴的就是住在一一〇一室的甲了,他的地价税和房屋税都会增加,可是要如何弥补这些损失呢?他想到了一个办法。

甲敲开了所有租户的房间,这其中也包括住在一一〇三室的丙:"从下周起,房租要上涨百分之五。"

百分之五?丙自然而然地想到了是地价税和房屋税的问题,国家增收地价税和房屋税的比例是百分之一,而甲一下子就要涨百分之五,很明显是想把这个费用加到租户身上。

丙跟妻子商量,两人决定搬家,但是找了半个月后,他们失望了,因为这个区域的房租都上涨了百分之五。

虽然郁闷,但是丙知道自己不能吃亏,因此,他将菜价也提高了百分之五。

两天后,甲和乙去市场上买菜,发现市场上的价格上涨了百分之五。走遍附近的菜市场,价位都差不多,两人只好郁闷地决定少吃点。

就这样,该地区的物价随着菜价逐步上涨了,人们都觉得自己的生活水平下降了,而 CPI 也随之上涨了。

天下"财"经

物价水平不是某个物品或某类物品的价格,而是整个经济的物价,是用来衡量目标市场潜在的消费能力以及经济状况的一个重要指标,是经济稳定、财政稳定以及货币稳定的集中表现,制约着社会总体需求量的基本平衡。

衡量物价水平的指数有两个:

一、"GDP 平减指数",是经济学家们用来监测经济中平均的物价水平,从而监测通货膨胀率的衡量指标,反映的是国内生产的所有物品与劳务的价格,因此进口消费品价格的变化并未反映在 GDP 平减指数中。

二、"居民消费指数",即我们熟知的 CPI,这是反映居民购买并用于消费的商品和服务项目价格水平的变动趋势和变动幅度的相对数。它是四大宏观调控指标之一,既包括城乡居民日常生活需要的各类消费品价格,也包括多种与人民生活密切相关的服务项目价格,比如故事中涉及的菜价问题。

CPI 可以全面反映多种市场价格变动因素及其对居民实际生活的影响程度,国际上也用 CPI 来作为通货膨胀或通货紧缩的重要衡量指标。

财富名人堂

亚历杭德罗·桑托·多明戈·达维拉(Alejandro Santo Domingo Davila):男,2013 年《福布斯》全球亿万富豪排行榜上排名第八十二名,净资产一百一十七亿美元。哥伦比亚人,从事饮料制造业。毕业于哈佛大学历史系,是哥伦比亚啤酒业大亨马里奥·桑托·多明戈·普马雷霍的儿子,2011 年 10 月继承了父亲的公司。

赤字
谁是美国最优秀的总统？

赤字，是指财政年度内财政支出大于收入的差额，意为亏本。

2004年，《福布斯》杂志提出了一个问题："谁是二十世纪美国最优秀的总统？"

这个问题自从美国总统里根去世后，就一直没有人提起，直到《福布斯》杂志再次将这个问题带到美国民众的面前。

经过几个月的投票调查，《福布斯》杂志最终给了美国民众一个大多数人都认为公允的答案——克林顿。

正在接受采访的美国前总统克林顿(左)

为什么大部分的民众会选择克林顿作为他们最优秀的总统？《福布斯》杂志的专题记者在街头随机采访——

年仅十六岁的瑟琳娜说："克林顿入主白宫八年，虽然他的花边新闻最终毁了他，但他在经济上为美国做出的贡献，每一个美国民众都是有目共睹的。特别是他的下一任……"

瑟琳娜欲言又止，记者追问道："你是说布什总统？"

瑟琳娜点点头："我的老师说他是个好战分子，把美国经济拖垮了。他在位的时候，刚好是美国经济衰退的时候，他不好好处理经济问题，还一直对外开战，财政就出现了巨额的赤字，美国成为世界上'双赤字'最严重的国家。"

"双赤字？"记者笑起来，"你知道什么是双赤字吗？"

"知道啊！"瑟琳娜说，"老师教过，是指

财政赤字引起了贸易赤字。"

在瑟琳娜之后，接受记者采访的是一位华尔街的投资者，他对于财富的理解要比瑟琳娜深刻得多，他对记者说："在克林顿之前，总统罗斯福曾经面对经济危机，它产生的原因是胡佛政府的不干预经济的做法，即完全由市场调节，导致生产相对过剩，由此，罗斯福采用凯恩斯主义。而克林顿上台之后，面对的是另一种情况，那时国家垄断资本主义已经形成，七十年代的滞涨和石油危机造成经济的再一次调整。而面对挑战，克林顿和他的智囊团选择的是把市场和调控结合起来的国家宏观调控方法。"

"没错。"身为财经新闻记者，自然是对投资者的表述明白至极，他补充说道："美国政府一向以财政赤字闻名，克林顿担任总统期间，让赤字转化成了盈余，我认为这是他对美国最大的贡献。他执政能力在不断成长，美国经济也随之相伴。长达一百二十三个月的持续增长是谁都无法想象的，美国经济进入巅峰状态之际，新经济潮流迅猛，势不可挡。实行新经济计划，表现为信息化和全球化。"

"是。"投资者赞同说，"美国可以说是进入了新经济时代，克林顿总统对因特网革命的支持也是经济增长的重要因素。"

记者认同地点头："也连带创造了高薪的工作机会，带动了经济的运转。"

"是的。"投资者笑道，"谁能让民众口袋里有钱，谁就是民众心目中最优秀的总统。"

天下"财"经

赤字，是指财政年度内财政支出大于收入的差额，因会计上习惯用红字表示而得名。在中国，财政收支是通过国家预算平衡的，财政赤字通常表现为预算执行结果支出大于收入的差额，故亦称预算赤字。一年的财政收入代表可供国家当年集中掌握支配的一部分社会产品，财政支出大于收入，发生赤字，意味着由这部分支出所形成的社会购买力没有相应的社会产品作为物资保证。

为弥补财政赤字，国家往往不得已只能增发纸币，即增加没有物资保证的货币发行。如果财政赤字过大，财政性货币发行过多，物资供应长期不能满足需要，就会发生通货膨胀，造成物价上涨，致使居民生活水平下降。

故事中提到的克林顿总统在面对财政上的新危机时，除了大力发展新的产业创造工作机会外，还采用了较为温和、谨慎的货币政策，以弥补以往政府遗留的财政赤字问题。

41

因此,应按照量入为出的原则安排财政支出,保持财政收支平衡。但由于工作失误或发生战争、严重自然灾害等意外事故,也往往会使财政短收或超支,形成赤字。

所得税
拒缴个人所得税的作家

所得税,又称所得课税、收益税,指国家对法人、自然人和其他经济组织在一定时期内的各种所得征收的一类税收。

汤米妮最近遇到一件烦心事,这件事实际上在过去的十几年里一直困扰着她,但是从来没有像今年这样让她心烦意乱。烦乱的源头其实是件值得庆祝的事——汤米妮红了。

是的,经过十几年日日夜夜的写作,经过十几年和年轻作者的较量,汤米妮的新作品终于不再是过去出版商视为"赔本"的产品,而摇身一变成为人人捧场的畅销书,如今,洛阳纸贵已不足以形容汤米妮新作的畅销程度。

但问题也随之而来了,和稿费跑得一样快的,是税务局的报税单。汤米妮形容他们是"闻着臭味而来的苍蝇"。

"可是,亲爱的,你的稿费并不是臭味的。"汤米妮的好友凯瑟琳逗趣说。

汤米妮愤愤不平的样子:"我好不容易获得了一点利益,他们就围上来了,不是苍蝇是什么。"

凯瑟琳哈哈大笑,汤米妮突然想起什么似的:"为什么我要缴税?"

正在喝水的凯瑟琳一下子噎住了,想了一会儿说:"因为所有人都缴税。"

"不对。"汤米妮反驳说,"一定是有什么法律条文规定的。我们来查一下吧!看我是不是能逃过这一劫。"

凯瑟琳说:"反正人人都是要缴税的,你何苦浪费这个时间跟国家过不去?"

"这怎么是跟国家过不去呢?"汤米妮坚持说,"这是为我自己的利益而战!"

凯瑟琳斜睨她:"我现在要去跳舞,你做个选择吧!是在这里找你的法律条文,还是跟我去找乐子?"

汤米妮倔强地指指自己脚下的地:"我留在这里。"

凯瑟琳耸耸肩,转动一下自己的大裙摆长裙,就翩然离开了。

第二天,还没等凯瑟琳从酒醉的状态中醒过来,就被急促的敲门声惊醒了。她光脚去开门,门外站着她的好朋友汤米妮。

"你最好是有好借口。"凯瑟琳不悦地揉揉自己的太阳穴。

"是的,是的,我有。"汤米妮急促地说,同时摇动自己手中的纸张,"我可以让你今后每年都省很多钱。"

多年好友,凯瑟琳当然知道她在说什么,把她引到自己房间坐下后问:"你真的找到了可以不缴税的办法?"

"当然,本来就不应该缴税,我们是付出劳动换来的费用,现在国家却要我们分出我们的劳动所得,还要让我们觉得那是理所当然的,其实这些都是那些银行家的阴谋。"

"为什么跟银行家有关系?"凯瑟琳不解。

汤米妮高深莫测地笑笑:"我问你,美联储是什么?"

"是我们的央行。"凯瑟琳不明白这个问题有什么值得提问的地方。

"但是,它却是由几大银行家控制的。"汤米妮看着凯瑟琳还是不以为然的样子,换种方式来说,"简单地说,他们拥有印钞票的权力,他们把印出来的钞票借给政府,可是政府没钱还,就只好想办法找民众来要钱,这个要钱的方式就是征税。"

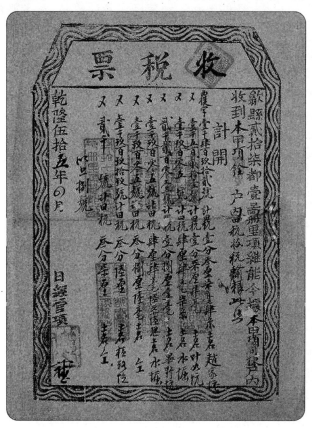

中国清朝税票

"然后呢?"

"然后,实际上是在银行家们的压力下,政府立法征税了……"汤米妮说。

凯瑟琳打断她的话:"你说了立法。"

"没错,我说了,但是这个法律是违反宪法的,宪法规定了除了几种税务必须缴纳外,其他税务民众不一定非得缴纳。遗憾的是,个人所得税并不在这几种必需的税种中。"汤米妮挑眉对好友笑道。

就这样,汤米妮成为不缴纳个人所得税的女作家,在她的"怂恿"下,她的好友凯瑟琳也不再缴纳个人所得税,而正如汤米妮设想的那样,她们并没有因为不缴纳个人所得税而产生任何法律上的麻烦。

天下"财"经

所得税又称所得课税、收益税,指国家对法人、自然人和其他经济组织在一定时期内的各种所得征收的一类税收。有些国家以公司为课税对象的称为企业课税,这经常被称为公司税,或公司收入税,或营利事业综合所得税;有些国家以个人为课税对象。各地(国)政府在不同时期对个人应纳税收入的定义和征收的百分比不尽相同,有时还分稿费收入、薪水收入以及机会中奖所得(例如彩券中奖)等情况分别纳税。

所得课税能较好促进公平,一般认为付出一定的征收成本,以改善社会公平状况是非常必要的。在经济增长过程中,消费、投资等要素对经济增长最直接。个人所得税直接影响消费需求,继而间接影响投资需求。企业所得税的税后可支配的收入高低,直接影响企业税后可支配的收入高低,影响企业的投资报酬率,进而影响投资。

个人所得税是所得税的重要组成部分,其内容包括薪水、薪金所得;个体商户的生产、经营所得;稿酬所得;财产租赁所得;财产转让所得;机会中奖所得等。一般来说,各国的个人所得税是作为法律条文写进宪法中的,但也有国家未列入法律,比如说故事中的美国,当个人所得税没有写进法律中,民众就有权利拒缴。

财富名人堂

阿南达·克里斯南(Ananda Krishnan):男,2013年《福布斯》全球亿万富豪排行榜上排名第八十二名,净资产一百一十七亿美元。马来西亚人,从事通信营运业。他是哈佛大学工商管理学院硕士,他发射了马来西亚第一颗人造卫星;他拥有马来西亚最大的移动电信公司、最大的私营卫星电视公司、最大的电视广播网络;他建起了马来西亚人引以为傲的"双子塔"。他庞大的企业王国以高科技业务领军,其中涉及娱乐业、空间产业、博彩业、航运、通信等。

45

WTO
可笑的引资理由

WTO，即世界贸易组织，是当代最重要的国际经济组织之一，目前拥有一百五十九个成员国，成员国贸易总额达到全球的百分之九十七，有"经济联合国"之称。

一个意大利人来到某个发展中国家进行投资考察，在他考察投资环境的几天里，当地的官员一直陪着他鞍前马后，伺候周到。

就投资环境而言，意大利投资商对于当地的环境还算满意，他看好这片仍未完全开发的环境，只要当地的投资政策没问题，他相信自己是能够放心让资金留在这里生根发芽的。

投资考察的最后一天晚上，当地官员请意大利投资商在豪华酒店吃了一顿大餐，宴席刚刚开始，意大利投资商就问了官员三个问题："是这样的，我已经考察过了环境，对于大致的经济发展，心里已经有了打算。我现在想知道三个问题。"

"您请说。"官员仍旧是一副"愿效犬马之劳"的表情。

意大利投资商的问题比较尖锐："我想知道，我到你们这里投资能享受什么样的政策优惠？我会遇到什么样的风险？如果我投资的企业失败了，最有可能会是什么原因？"

当地官员拍拍胸脯说："你放心，你来投资，我们国家对其他地方有的政策优惠，我都会给你，别人没有的，只要你需要，我也能给你；你的风险就是我的风险，你所有的风险我都会替你解决好，你就踏实投资吧！"

·意大利投资商皱着眉头说："这可以算是前两个问题的答案，那么我提出的第三点呢？"

"第三点，你就更可以放心了。"当地官员对意大利投资商勾肩搭背道，"你就把心放到肚子里吧！就算是有人拿着枪指着你，我都帮你堵枪眼。最后就算失败了，跳楼也是由我来，轮不到你。"

意大利投资商尴尬地笑笑，宴会正式宣布开始。

就在宴会到达尾声的时候，当地官员问意大利投资商："你考虑得怎么样了？

什么时候开始投资?"

意大利投资商回答:"实在抱歉,我不能在贵地投资。"

当地官员很意外:"为什么,如果是条件方面的问题,我们还可以再商量。"

意大利投资商说:"不是,您给我的条件不是不好,而是太好了。但是,您给我别的地方不能给予的政策,这是违反国际规则的。我遇到了风险,由您使用特权来解决,这个也是有失公平的。最后一个问题,您根本不让我知道我有可能因为什么事情失败,我就完全没有办法做了。不让我知道怎么死,我就永远不知道该怎么活,所以我不能在您这里投资。"

"你!"当地官员气得眼珠子都快瞪出来了。

意大利投资商接着说:"如果您想引进资金,还是多学学 WTO 的政策吧!这样才会引入更多更优秀的资金,祝您成功!"

说完,意大利投资商头也不回地离开当地,寻找更适合投资的合作伙伴去了。

天下"财"经

1994 年 4 月 15 日,在摩洛哥的马拉喀什市举行的关贸总协议乌拉圭回合部长会议决定成立更具全球性的世界贸易组织 ,以取代成立于 1947 年的关贸总协定。这个更大的世界贸易组织就是我们现在熟知的 WTO。

正如故事中意大利的人所说,WTO 的成立,是为了公平。它能有效调和世界经济贸易中的不公平,促进经济和贸易发展。

WTO 中最主要的几项原则是:最惠国待遇原则、国民待遇原则、无歧视待遇原则、互惠原则、关税减让原则、取消数量限制原则和透明度原则。

部长级会议、总理事会、各专门委员会、秘书处与总干事组成了 WTO 的组织机构。其中,部长级会议是世贸组织的最高决策权力机构,由所有成员国主管外经贸的部长、副部长级官员或其全权代表组成,通常两年举行一次会议,讨论和决定涉及世贸组织职能的所有重要问题,并采取行动。

WTO 的官方语言为英文、法文和西班牙文,这三种语言的文本为正式文本,具有法律效力。

庞氏骗局
别做最后那个倒霉鬼

庞氏骗局是一种最古老和最常见的投资诈骗,是指利用新投资人的钱来向老投资者支付利息和短期回报,以制造赚钱的假象进而骗取更多的投资。

查尔斯·庞兹在金融史上也是赫赫有名的人物,虽然他的有名并不是因为什么优秀事迹。

庞兹生于意大利,后移民到美国。在美国做过各种工作,一心想发大财。美国最不缺的就是这样的做着发财梦的青年,经过十几年的寻找"机遇",庞兹发现最快速赚钱的方法是金融业。

美国金融史上最著名的骗子——查尔斯·庞兹

于是,庞兹隐瞒了自己的历史来到了波士顿,设计了一个投资计划,向美国大众兜售。

庞兹设计投资计划的时候,正是第一次世界大战刚刚结束,世界经济体系处于一片混乱的时候。庞兹便利用了这种混乱,四处向民众游说,称购买欧洲的某种邮政票据,再卖给美国,便可以赚钱。当时的世界,国家之间由于政策、汇率等因素,很多经济行为普通人通常很难搞清楚。庞兹一方面在金融方面故弄玄虚,另一方面则设置了巨大的诱饵,他宣称,所有的投资在四十五天之内都可以获得百分之五十的回报。而且,他还给人们"眼见为实"的证据:最初的一批"投资者"的确在规定时间内拿到了庞兹所承诺的回报。于是,后面的"投资者"大量跟进。

在如今看来可笑的投资项目,在当时却有将近四万名波士顿市民参与了。甚至在当时,庞兹被看作是和哥伦布、马可尼(无线电发明者)齐名的意大利人,因为他发现了钱。

庞兹确实发现了钱,他住在有二十个房间的别墅,买了一百多套昂贵的西装,拥有数十根镶金的拐杖,还给他的妻子购买了无数昂贵的首饰,连他的烟斗都镶嵌着钻石。

但这件事在当时也给庞兹带来了不小的麻烦,在他的"投资计划"进行得如火如荼的时候,有个金融学家看不下去,站出来拆穿了庞兹的西洋镜,说他的"投资计划"根本不可能赚钱。

但庞兹"艺高人胆大",不但没感到害怕,还专门找人在报纸上写了一篇文章来反驳金融学家浪得虚名,不懂得金融投资的本质。因为他最初的"客户"都得到高额回报(其实是他拿后来投资者的钱支付的利息)。

只要是骗局,总会有被拆穿的那天。1920年8月,庞兹宣告破产,因为他所收到的钱,按照他的"投资计划"所说的,够买几亿张欧洲邮政票据了,但事实上,他从头到尾只买过两张。

庞兹被判处五年刑期,出狱后,他又用同样的方法继续骗钱,最终使得自己蹲了更长时间的监狱。1934年,庞兹被美国遣送回意大利,可是他死性不改,妄想去骗墨索里尼,最后没能得逞。

当庞兹死去的时候,身无分文,但他的名字却被永远记在了历史的文卷中。

天下"财"经

庞氏骗局在中国又称"拆东墙补西墙"、"空手套白狼",虽然各式各样的"庞氏骗局"五花八门,千变万化,但本质上都具有一些共同特征:

一、低风险、高回报的反投资规律。众所周知,风险与回报成正比乃是投资铁律,"庞氏骗局"往往以较高的回报率吸引不明真相的投资者,从不强调投资的风险因素。如庞兹许诺的投资在四十五天之内都可以获得百分之五十的回报。

二、"拆东墙、补西墙"的资金腾挪回补特征。骗子们总是力图扩大客户的范围,拓宽吸收资金的规模,以获得资金腾挪回补的足够空间。

三、投资诀窍的不可知和不可复制性。尽量保持投资的神秘性,宣扬投资的不可复制性,是其避免外界质疑的有效招数之一。

四、投资的反周期性特征。"庞氏骗局"的投资项目似乎永远不受投资周期的影响,无论是与生产相关的实业投资,还是与市场行情相关的金融投资,投资项目似乎总是稳赚不赔。

五、投资者结构的金字塔特征。塔尖的少数知情者通过榨取塔底和塔中的大量参与者而谋利。有些身处庞氏骗局中的人其实也明白自己处于不正常的状态中,但他们都不相信自己会是最后一个受骗者,于是积极发展"下家",成为骗子的帮凶。

财富名人堂

安妮·考克斯·钱伯斯(Anne Cox Chambers):女,2013年《福布斯》全球亿万富豪排行榜上排名第八十名,净资产一百二十亿美元。美国人,从事传媒业。她继承了报业财产,在价值八十七亿美元的媒体王国中占有百分之九十八的财产,共有十七份日报,三十份不定期报纸,十五家电视台,八十一家广播电台。同时,还参与曼海姆二手汽车交易,只这一项的销售额就有五十四亿美元。

第二章

内行看门道:他们是最懂财富的人

亚当·斯密
无情人的迷糊

亚当·斯密,是经济学的主要创立者,被称为"经济学鼻祖"、"现代经济学之父"和"自由企业的守护神"。

"书籍就是我的情人"、"我别无所好,所好的只是书",这两句话都来自于经济学鼻祖亚当·斯密。这位写下《国富论》的著名学者一生未娶,只把书当作自己的情人。而他的一生,还以常常会处于游心于物外的状态闻名。

十八世纪八十年代,那时候亚当·斯密快五十岁了,他来到了爱丁堡,当地的居民举行一个欢乐的派对来款待这位最杰出的公民。

亚当·斯密当时出现在众人面前的装束是:一件浅色外套、短裤、白丝袜、有扣的鞋子,戴的是平顶的海狸皮帽,拿着手杖。穿着没问题,但是他的表情和言行却有问题。他直勾勾地望向天空,嘴里念念有词,像是在唠叨些什么。他每走一步就要迟疑一下,似乎想换个方向走,甚至想倒退着走。

围观的群众有人小声议论道:"这就是我们最杰出的公民?他看起来……好像一只蠕虫。"

"别胡说。"他的同伴阻拦住他的下一句,"可能大科学家的思维和我们不同,他也许在思考重要的问题呢!"

就在这时,一位派对的服务生走上前来用手杖向亚当·斯密行礼,这是一种对长者的礼节。就在服务生等待亚当·斯密点头还礼时,亚当·斯密突然陷入一种催眠似的状态,他用相同的礼仪回应了服务生。服务生惊讶了,当时在现场的民众也惊讶了,全场安静地注视这个老人缓缓向会场中心走去,而当他走到会场中心恢复神智的时候,他完全不知道自己刚才做出了多么出格的行为,还是意气风发地向全场民众发表关于财富及国家经济生活的演讲。

类似这样的事情还有很多,据亚当·斯密的好友回忆,有一次亚当·斯密去查尔斯汤森参观一家工厂,在和塞黑讨论自由贸易时,他自己走进一个巨大的坑道里而导致谈话不得不结束。

甚至还有一次,亚当·斯密游心于外物,利用面包和奶油制作了一壶茶,并在喝了之后宣称这是他喝过最难喝的茶。

关于亚当·斯密的趣闻较多,但这并不意味着人们对他是不尊敬的,相反,人们对这个在二十八岁就受聘为格拉斯哥大学教授的天才尊敬万分,追随他的学生众多,他们尊称他为"经济学鼻祖"、"现代经济学之父"和"自由企业的守护神"。

🪙 天下"财"经

亚当·斯密最著名的著作是《国富论》,这本书对经济学领域的创立有极大贡献,使经济学成为一门独立的学科。

亚当·斯密提出了许多对后世有巨大影响的经济理论,包括:

一、分工理论:分工的起源是由人的才能具有自然差异,经由剩余产品的交换行为,促使个人增加财富,扩大社会生产。

二、价值论:具有最大使用价值的财货,往往不具交换价值。

三、分配理论:劳动薪水、资本利润及土地地租自然率之决定理论。

四、赋税理论:提出四大赋税原则,即公平、确定、便利、经济。

五、货币理论:货币的首要功能是流通工具,持有人持有货币是为了购买其他物品。

六、资本累积理论:通过分工过程,可增加劳动生产量,提高国民所得,增强国民储蓄意愿与能力。

财富名人堂

罗讷德·佩雷尔曼(Ronald Perelman):男,2013年《福布斯》全球亿万富豪排行榜上排名第七十九名,净资产一百二十二亿美元。美国人,从事金融、杠杆收购。是位毕业于沃顿商学院的兼并天才,1978年购买了珠宝商 Cohen－Hatfield 的一百九十万美元的股份,七年后转手卖给了 Sam Walton(沃尔玛创始人)。1985年收购了动漫公司 Revlon。2002年将金州银行集团(Golden State Bancorp)以六十亿美元的价格出售给了花旗银行。他在 Scientific Games、军用悍马制造商 AM General、电影公司 Panavision 都拥有股份,近年以七亿美元的价格出售了证券公司 Allied Barton。

凯因斯

斤斤计较的富豪

约翰·梅纳德·凯因斯,英国经济学家,因开创了经济学的"凯因斯革命"而著称于世,被后人称为"宏观经济学之父"、"资本主义的救世主"。

伦敦的早晨,一个男人衣冠不整地躺在床上,和他的经纪人通电话,为他自己的一所大学、一个辛迪加的巨大投机业务及他自身做出许多重大的决定,这个男人就是著名经济学家约翰·梅纳德·凯因斯男爵,他不但开辟了宏观经济学的研究阵地(他的两本主要著作给他带来了巨大且历久不衰的声誉),还担任过大学司库和剑桥大学学监、政府官员和顾问等,并且还是一位富有的投资者。

一天,凯因斯和一个朋友准备去阿尔及利亚首都阿尔及尔度假,在车站等待火车的时候,几个穿着朴素的小孩走到他们身边:"先生,需要擦鞋吗?"

两人看看脚上的皮鞋,出门走得急,鞋子已经不那么亮了。于是,他们在小孩提供的板凳上坐下,享受孩子们提供的擦鞋服务。

孩子们的擦鞋技术不错,等到服务结束后,凯因斯的朋友问孩子们:"多少钱?"

"一英镑。"孩子们回答说。

凯因斯掏出一英镑交到孩子手中,就此准备离开。

但孩子们却挡住他的去路。

"怎么了? 我不是给你们钱了吗?"凯因斯诧异道。

几个孩子相互看了一眼,选定其中看起来年龄比较大的一个开口说:"你只给了一个人的钱。"

"什么?"凯因斯惊讶,"每个人都要收一英镑?"

孩子们点点头。

"你们这不是在擦鞋,你们是在抢钱!"堂堂一个经济学家却被一群孩子给打劫了,凯因斯觉得不可思议,拉着朋友就想离开。

几个孩子看起来也是"打劫"界的老手,他们大嚷大叫道:"这里有人擦鞋不给钱!"惹得等车的乘客们都向他们这边看来,听清孩子们的嚷叫后,对凯因斯和他的朋友指指点点,议论的话不绝于耳。

"算了吧!"凯因斯的朋友作势要掏出钱包,"给他们吧! 这样子多难看。"

"不行!"凯因斯阻挡朋友掏钱,"我绝对不能贬低货币的价值。谁都知道,擦鞋不会超过 0.5 英镑,我给他们的价格已经是很公允的了,他们想要更多,我一个子儿都不会多给,这是不符合经济规律的!"

"只是这么点钱,何必呢?"朋友很想息事宁人,毕竟在公用场合被几个孩子要挟的感觉不太好受。

但凯因斯坚持不能多给,擦鞋的孩子们一直跟在他们身后讨取擦鞋费用,甚至当他们登上火车后,生气的孩子们还向他们不断地扔石子。

虽然这可能是凯因斯一生中比较极端的例子,但也从某种方面反映出了这位大经济学家对于货币价值的看法,也许正因为这种对于货币价值的极端尊重,才使得他成为一位富有的投资者。

天下"财"经

约翰·梅纳德·凯因斯(1883—1946 年),英国经济学家,因开创了经济学的"凯因斯革命"而著称于世,被后人称为"宏观经济学之父"、"资本主义的救世主"。他创立的"宏观经济学"与弗洛伊德所创的"精神分析法"和爱因斯坦发现的"相对论"一起并称为二十世纪人类知识界的三大革命,也被评为二十世纪"最有影响力"的经济学家。

凯因斯提倡的主导经济理论是以马歇尔为代表的新古典学派的自由放任经济学说,也就是传统经济学,这种学说是建立在"利伯维尔场、自由经营、自由竞争、自动调节、自动均衡"的五大原则基础上的,其核心是"自动均衡"理论。

凯因斯主义的理论体系是以解决就业问题为中心,而就业理论的逻辑起点是有效需求原理。

约翰·梅纳德·凯因斯

凯因斯进一步认为,由消费需求和投资需求构成的有效需求,其大小主要取决于消费倾向、资本边际效率、流动偏好三大基本心理因素以及货币数量。

财富名人堂

缪西娅·普拉达(Miuccia Prada):女,2013年《福布斯》全球亿万富豪排行榜上排名第七十八名,净资产一百二十四亿美元。意大利人,从事零售、纺织服装业。她是奢侈品与时装公司普拉达的创始人马里奥·普拉达的孙女。2011年6月,普拉达在香港证交所上市,缪西娅也因此重返福布斯富豪榜。

扬·廷贝亨

专注才能成功

扬·廷贝亨(Jan Tinbergen)，经济计量学之父，1969 年与朗纳·弗里施共同获得首届诺贝尔经济学奖。

扬·廷贝亨从小就是个聪明的孩子，家里的长辈不管教他什么，他都能做到过目不忘。但聪明的孩子往往都对世界充满好奇，时时刻刻想要去了解这个世界，注意力就显得不那么专注。

为了纠正他的这个错误习惯，扬·廷贝亨的妈妈想出了一个办法。

这天，妈妈把扬·廷贝亨叫到身边："宝贝，妈妈讲一个故事给你听好不好？"

扬·廷贝亨最爱听故事了，立即乖乖地坐到妈妈身边，睁大眼睛注视着妈妈。

妈妈拿出一个小火车作为道具，对扬·廷贝亨说："我今天要讲的是一个小火车的故事。从前啊，有一辆特别聪明的小火车，它跑得比其他小伙伴都快，家里人都很喜欢它。"

"就和我一样。"扬·廷贝亨摇着脑袋说。

"是的，就和你一样。"妈妈摸摸他的脑袋继续往下讲，"这个小火车每天都在思索自己将要去什么地方，终于有一天，它决定了自己要去遥远的 A 市。于是，做好准备的小火车载着一车的乘客就往 A 市出发了。沿途的风景很美，小火车一路上都很高兴，车上的乘客也非常满意。"

"然后他们一路到了 A 市?"扬·廷贝亨做出打哈欠的动作，"妈妈，这个故事很无聊啊!"

妈妈示意扬·廷贝亨耐心点："他们在前往 A 市的途中遇到了另外一辆小火车，这辆小火车刚从 B 市回来，它眉飞色舞地向小火车描述 B 市的风景有多美，小火车不禁动心了，经过反复的思索，小火车决定带着乘客们去 B 市。"妈妈讲到这里，故意停下来，想看看扬·廷贝亨的反应。

"这怎么行呢?"扬·廷贝亨说，"太不负责了吧? 那一车的乘客不去 B 市。"

"对啊! 所以当小火车到达 B 市的时候，满车的乘客都很愤怒，他们纷纷指责小火车耽误了他们的行程，有个急着在 A 市转车的乘客甚至都急得晕过去了。"

"妈妈，你是想通过这个故事告诉我，做事要专注，每次只做好一件事，最终才能成功吗?"聪明的扬·廷贝亨举一反三,很快就明白了妈妈的意思,妈妈欣慰地点点头。

扬·廷贝亨不负所望,在之后的工作和学习生涯中,都秉持着只做好一件事的态度。终其一生,扬·廷贝亨都专心致志于使数理经济学与统计分析结合在一起,为创建资产阶级经济计量学而坚持不懈,最终获得了诺贝尔奖。

天下"财"经

扬·廷贝亨(1903—1994年),荷兰经济学教授,经济计量学之父,主要贡献是把统计应用于动态经济理论,1969年与朗纳·弗里施共同获得首届诺贝尔经济学奖。他在学术上的贡献有:最早创立了经济计量学模型,维持了短期经济预测的可靠性;提出"廷贝亨法则",用以平衡国家经济调节政策和经济调节目标之间的关系;将经济政策变量划分为"目标、数据和工具"三类,明确指出了分析问题和经济政策研究间的区别;在《国际秩序的重构》中提出要铲除国际关系体系中不公平的状况;关注发展中国家的经济问题,促进国际合作和经济一体化。

扬·廷贝亨对西方经济学的贡献主要有三个阶段:

第一阶段是自1929年至第二次世界大战期间,他提出了"蛛网理论",利用数学和统计方法对商业理论进行统计检验,开创了经验宏观经济学。

第二阶段是第二次世界大战结束到二十世纪五十年代中期,通过三本著作奠定了短期经济政策规划的基础。

第三阶段是二十世纪五十年代以后,主要关注发展中国家的经济问题。

财富名人堂

郭鹤年:男,2013年《福布斯》全球亿万富豪排行榜上排名第七十六名,净资产一百二十五亿美元。马来西亚人,祖籍中国福建省福州市,是马来西亚最杰出的企业家,享有"酒店大王"和"亚洲糖王"之称。他控制马来西亚原糖市场的百分之八十、世界原糖市场的百分之二十。经营的业务从甘蔗种植,糖、面粉、饲料、油脂制造、矿山,到地产、金融、酒店、产业、种植业、商贸和船运等。二十世纪七十年代,郭鹤年开始进军酒店业,成立了香格里拉酒店集团。

保罗·萨缪尔森
抛弃哈佛的通才

保罗·萨缪尔森(Paul Anthony Samuelson),美国著名经济学家,是第一个获得诺贝尔经济学奖的美国人,师从哈佛大学经济学权威阿尔文·汉森,两人为推广宣传凯恩斯主义做出巨大的贡献。

在经济学界,有一位经济学家,因其在经济学著作中无所不在,被称为是经济学界的最后一个通才,这位经济学家就是保罗·萨缪尔森。

如果问萨缪尔森一生最爱的地方是哪里,他一定会回答是哈佛,但是哈佛却没有回应他同样的热爱。

在萨缪尔森年满二十五岁时,他在报章杂志上发表的文章数量已超过了他的年龄。可是这个突出的成绩在哈佛大学似乎并不被看中,他只是一名普通的哈佛经济学教员,收入微薄。终身教授职位对他来说,只是一个遥不可及的梦。

但这些都不是萨缪尔森最终抛弃哈佛的理由,而是他的出身。

当听到一位远远不及自己的同事获得哈佛终身教授的职位时,萨缪尔森冲到人事经理的办公室,怒气冲冲地说:"为什么是他获得了最终的名额?我发表的论文比他多多了!"

人事经理很平静地说:"他来自堪萨斯州,而你来自于印第安纳州的加雷;他不是犹太人,而你是犹太人。"

"这是什么狗屁规矩!"萨缪尔森生气地大喊大叫。

"没办法。"人事经理虽然也觉得抱歉,但这事不是他能决定的,"学校的规定就是这样的。从我本人角度,我很同情你的境况。"

同情?萨缪尔森觉得不可思议,自己对哈佛的热爱最终只换来对方的这么一点响应,愤怒之下,他立即答应了麻省理工学院的邀请。

在有些人看来,萨缪尔森从哈佛大学转到麻省理工学院任教是降级了,因为麻省理工学院是一所科技工程类学校,其经济系并不为人所知。美国经济及政治界领袖中很少有人出自这所学院。当时的学术界反犹太思想盛行,但麻省理工学院并不参与其中,而是愿意雇用萨缪尔森这样思维敏捷的犹太人执教。也正因为有所取舍,萨缪尔森才能在麻省理工学院登上自己学术上的高峰——获得诺贝尔奖。

在麻省理工学院，萨缪尔森得到了前所未有的重视，而麻省理工学院对技术的关注与萨缪尔森的天赋极为吻合。萨缪尔森将经济学看作是一门数学，这在当时是一个非传统的全新视角。从亚当·斯密到约翰·梅纳德·凯恩斯，经济学大多以文字来表述。在哈佛大学，经济学也只是停留在文字层面的探讨，而在麻省理工学院，萨缪尔森使经济学成为一门数学。

1948年，萨缪尔森凭借其广博的学识和出色的文采，推出了一本名为《经济学101》的教科书。尽管书名很简单，但很长时间以来一直位于最佳畅销书行列。萨缪尔森曾经这样说："如果我可以为一个国家撰写教科书，那么就让那些有意愿的人们去制定它的法律吧！"

天下"财"经

保罗·萨缪尔森（1915—2009年），美国著名经济学家。他在经济学术上的成就有：提出"要素价格均等化定理"，制衡两国间贸易的开展；提出"斯托尔帕－萨缪尔森定理"，即价格是产品价格与要素边际生产率的乘积，所以价格的变动会超过产品价格的变动；提出"乘数－加速原理"，为经济周期理论研究做出了重要贡献。

在保罗·萨缪尔森经典著作《经济学》中，他提出税收的性质来说明资本主义国家是一种公平的分配，抹煞了资本主义税收的根本性质，掩盖了资本主义国家税收的真正来源；也对传统税收原则中的"利益原则"和"牺牲原则"做了分析，提出一个国家应采用比例税率和累进税率；提出了税收对经济的重大影响。这本著作被翻译为四十多种语言在全球销售超过四百万册，是全世界最畅销的教科书，影响了整整一代人。

财富名人堂

雷伊·达里奥（Ray Dalio）：男，2013年《福布斯》全球亿万富豪排行榜上排名第七十六名，净资产一百二十五亿美元。美国人，从事金融，对冲基金业。1975年在自己位于曼哈顿的公寓内创立了布里奇沃特公司，他现在掌管着全球最大的对冲基金公司布里奇沃特联合公司。由于大量投资美国和德国国债，他的对冲基金在2011年对冲基金普遍亏损的情况下，依旧获得了约百分之二十的投资回报率。

约翰·罗

赌博为伴的一生

约翰·罗(John Law),英国金融学家和经济学家,以推行纸币闻名,被称为"金融和纸币之父"。

在一个冬日的深夜,英格兰死牢的狱门突然打开了。

这对死牢来说,是件不寻常的事情。首先,如果有新的罪犯进来,很少是在深夜;其次,牢门是从里面往外打开的,也就是说,是有人要出去而不是进来。

谁能有这么大的本事?

伴随着牢门的轻轻开启,一个大约六英尺的瘦高个儿从里面走出来,虽然死牢里的灯光很暗,可是还是能看到他皮肤黝黑,五官俊朗,眉宇间闪烁着自信的光芒。很难想象,这样的一个人会被关进死牢里。

这个人就是英国银行家和经济学家约翰·罗。

天才总是有点独特的癖好,这点在约翰·罗的身上展现得尤为明显。

传记作家珍妮特·格一森写的《百万富翁》一书的副标题形容约翰·罗是个英格兰"花花公子、赌徒、角斗士,开创了现代金融体制"。

约翰·罗饮酒无度、热爱赌博,把祖先留给他的巨额遗产挥霍一空,更在1694年酿下大错——在决斗中杀死了自己的情敌。因为这次失误,约翰·罗被关入英格兰死牢中,但他凭借自己的三寸不烂之舌和大量的金币贿赂了看守死牢的工作人员,深夜从英格兰死牢中逃了出来,也就出现了最开始的那一幕。

约翰·罗出生在一个富贵的金匠及银行家家庭中,是家中长子。独特的家庭环境、长期的耳濡目染使得约翰·罗从小就有了经济头脑。刚满十四岁,约翰·罗就被带到父亲的会计事务所中做学徒。凭借着过人的天赋,约翰·罗在父亲的事务所中做得非常顺心。随着年龄的增长,约翰·罗长成为一位英俊潇洒的青年,他渐渐不满足于会计事务所这样一块小天地。当他父亲去世后,他就打包出售父亲的事务所,带着巨额财富到达了他向往已久的大都市——伦敦。

在伦敦,约翰·罗凭借着自己聪明的脑袋和高超的算术技巧,成为赌场上的常胜将军,大量的金钱源源不断地流入到他的口袋中。在情场上,英俊的约翰·罗更是得意。

但是在这些风光之下,他也没有忘记抓住机会学习金融财政方面的知识。当他从死牢越狱成功后,更是凭借这些知识在荷兰一度充任了英国外交使节的秘书,并潜心研究当时欧洲规模最大、实力最雄厚的阿姆斯特丹银行。当然,在夜晚来临时,人们还是能在赌场里看到他的身影。

约翰·罗对于赌博是如此热爱,即便是后来他凭借自身的财政知识帮助法兰西建立银行,做出过一番成绩,也惹出了一番祸事,但临死前陪伴他的,仍旧是赌场和赌术。

天下"财"经

约翰·罗(1671—1729年),英国金融学家和经济学家。他凭借超凡的数学天赋,在赌场大放异彩,积聚了巨额财富,可以算是一夜暴富,并因此引出一个词的创生——"millionaire"(百万富翁)。

约翰·罗于1705年创立了银行信用证,发行以地产或其他资产做担保的纸币。

1715年,法国路易十四国王去世,他生前极尽奢华,将整个法国财政挥霍一空,他死后掌权的摄政王奥尔良公爵为了改善危在旦夕的法国经济,采纳了约翰·罗的建议,授权他开设了法国历史上的第一家银行并开始发行纸币。后来纸币泛滥成灾,全盘崩溃,差点引发一场革命暴动,而约翰·罗则在1729年死于威尼斯的一个贫民窟中。

约翰·罗为货币革命开了一个好头,但本质上却理解错了货币与财富之间的关系,他以为货币和财富是一种东西,创造货币就等于是在创造财富,事实上货币只是财富的一个结果,重要的不是创造货币,而是创造财富。

财富名人堂

阿比盖尔·约翰逊(Abigail Johnson):女,2013年《福布斯》全球亿万富豪排行榜上排名第七十四名,净资产一百二十七亿美元。美国人,从事金融、资金管理业。她是富达集团创始人的孙女,她的家族拥有该集团百分之四十九的股份。2011年,她被富达投资集团任命为核心业务部门的总裁。

安德鲁·卡内基
贫穷少年致富记

安德鲁·卡内基(Andrew Carnegie),美国"钢铁大王",是美国人心目中的一代传奇。

钢铁大王安德鲁·卡内基很小就表现出商业天赋。

卡内基小时候家里很穷,父母欠着外债,一家人的生活过得很拮据。有一次,卡内基养的母兔子生了一窝小兔子,父母都没有时间帮他照顾,他自己也没有足够的食物提供给这些小兔子。父母建议他扔掉小兔子,让它们自生自灭,但卡内基舍不得,最后想出了一个好办法。

卡内基把自己所有的朋友都聚集一起,让他们围观可爱的小兔子们,大家都很喜欢,爱不释手。

卡内基对他们说:"大家都很喜欢小兔子是吧?可是我没有足够的食物喂它们,如果你们能帮我弄金花菜和车前草来喂它们,我就用你们的名字来命名小兔子。"

孩子们一听都特别高兴,能拥有一只用自己名字命名的小兔子是多让人激动的事情啊!朋友们一口答应了下来。整个暑假,小朋友们都心甘情愿地帮助卡内基采摘金花菜和车前草,只为了看看以自己名字命名的那只小兔子。

除了商业上的天赋,卡内基最终会成为钢铁大王,和他的勤奋也分不开。他在少年时代曾经做过一份负责递送电报的工作,每天的薪水只有五角钱。卡内基并不满足于这小小的五角钱,他一直想做一名接线员,那样可以赚更多。于是,当接线员都还没来上班的时候,卡内基就早早跑到公司,用公司的机器联系收发电报。

机会永远属于有准备的人,就在卡内基练习期间,公司忽然收到了一份从费城发来的电报。电报异常紧急,但是当时接线员都还没有上班,于是卡内基代为收了下来,并赶紧将电报送到了收报人的手中。收报人很感激他,将这件事告诉了卡内基的上司,卡内基很快就被提升为接线员,薪水也增加了一倍。

工作只能让卡内基解决温饱问题而已,真正引领他走上致富之路的,是一次特别偶然的机会。那时卡内基坐火车去外地,路上遇到一位发明家。这位发明家和他相谈甚欢,拿出了自己发明的新卧车模型给他看。长久的贫穷让卡内基对于金钱的机会特别敏感,他立即察觉到这是个好的机会,这项发明一定会有远大的前程。于

安德鲁·卡内基没有单纯作为商业巨贾被记住，而作为"商而优则慈"的代表人物传世

是，回到家中，卡内基向所有的亲友借钱，买了拥有那项发明的公司的股票。这个明智之举让他在年仅二十五岁时，就能每年得到五千美元的分红。这次的投资，也让卡内基顺利走上了致富之路。

天下"财"经

安德鲁·卡内基（1835—1919 年），出生在一个穷苦的普通家庭，十二岁时，他作为苏格兰移民跟随家人来到美国。

1892 年，卡内基组建了以自己名字命名的钢铁帝国——卡内基钢铁公司，成为名副其实的钢铁大亨，当时与洛克菲勒、摩根并立成为美国经济的三大巨头之一。

卡内基受到世人的尊敬，被美国人当作传奇歌颂并不仅仅因为他创立的钢铁帝国，而是他对于社会公益事业的贡献，在家人相继离世的重创之下，卡内基毅然决定将自己所有财富都捐献给社会，他设立了各种基金，创建卡内基大学，并兴办千余座图书馆以帮助有志上进却家境贫穷的年轻人。他生前捐赠款额之巨大，足以与死后设立诺贝尔奖的瑞典科学家、实业家诺贝尔相媲美。

财富名人堂

安东尼奥·艾尔米里奥·德莫拉埃斯（AntonioErmirio de Moraes）：男，2013 年《福布斯》全球亿万富豪排行榜上排名第七十四名，净资产一百二十七亿美元。巴西人，多元化经营。他和他的直系亲属拥有沃托兰庭集团的全部股权，这家巴西巨头拥有众多业务，从工业原材料生产到金融无所不包，2011 年其水泥和纸浆、造纸业务发展尤为惊人。

约翰·邓普顿
鸡蛋不要放在同一个篮子里

约翰·邓普顿(John Templeton)，邓普顿集团的创始人，《福布斯》杂志称他为"全球投资之父"、"历史上最成功的基金经理之一"。

约翰·邓普顿在投资方面是一个具有传奇色彩的人物。

有一次，朋友请教他如何才能在投资中收益，他说了一个关于"鸡蛋不要放在同一个篮子里"的故事给朋友听。

一个农妇提了满满的一篮子鸡蛋到城镇上的市集去卖，她的丈夫心疼她提那么多的鸡蛋，提出要去送她，但被她拒绝了，就她看来，这点重量难不倒自己。

但是，农妇还是高估了自己的体力。远途无轻担，在将要走到城镇的市集时，农妇终于还是太累了，决定坐下来休息一下。

农妇在路边的树荫坐下，同在树荫下乘凉的还有一位智者，两人打个招呼就闲聊起来。

智者问："你从哪里来？一个女人提着这么多的鸡蛋可真是不容易赶路啊！"

农妇回答说："智者，我是从三十里外的农场赶来的，我家男人说要送我，我没让他来，农场里还有一堆工作等着他做呢！"

"真是个体贴的好妻子。"智者回答道，"这么多鸡蛋需要花多长时间啊？"

"我们养了十几只鸡，这些鸡蛋都是我们半个月来积存的，我的孩子上学就靠它们来缴学费了。"

"成本的积存不易啊！"

"是的。"被智者这样一感慨，农妇也不禁感叹起农场生活的艰辛来。

短暂的休息过后，农妇站起身来准备继续赶路，但早晨没吃饭的她刚站起来就眼前一黑，脚下一个踉跄，脚边的鸡蛋篮子打翻了，满篮的鸡蛋都纷纷自杀般地撞向石头，一颗不剩。

农妇先是愣了一下，随即反应过来，看着脚下的鸡蛋液体，闻着空气中生鸡蛋的腥味，不禁伤心地嚎啕大哭。

智者见状站起身来，安慰她说："别难过了，下次你不应该把鸡蛋放在同一个篮子里，你看篮子里堆得多高啊！你要是放在好几个篮子里，即便打翻了一篮，还有其他几篮不会损失呢!"

讲完这个故事,约翰·邓普顿问自己的朋友:"从这个故事里,你有没有学到什么啊?"

朋友说:"投资要多投几个方面?"

"是的。"约翰·邓普顿说,"正如农妇积存鸡蛋不容易一样,我们每个人最初用来投资的钱一定是累积来的,如何让自己辛苦赚到的钱不损失,就是投资需要学习的第一件事,其次才是如何赚钱,即拿到城镇的市集上去卖。这拿到市集上的过程,一定要注意多观察,最终选择多方向投资。"

"我明白了,你可真聪明。"朋友赞叹道。

约翰·邓普顿哈哈大笑起来:"投资也要多看看书,这可不是我首创的,最早力挺'鸡蛋不要放到同一个篮子'理论的是1990年诺贝尔经济学奖得主、美国经济学家马克维茨,他在论文中早就有了论述。"

天下"财"经

邓普顿的投资方法被总结为:"在大萧条的低点买入,在高点抛出,并在这两者间游刃有余。"他的投资风格是:寻找那些价值型投资品种,也就是他说的"找便宜货"。他的投资法宝是:"在全球寻找低价的、长期前景良好的公司作为投资目标。"

邓普顿退休后,将其投资法则归纳为十五条向世人传教:

1. 信仰有助投资。
2. 谦虚好学是成功法宝。
3. 从错误中学习。
4. 投资不是赌博。
5. 投资要做功课。
6. 跑赢机构投资者。
7. 价值投资法。
8. 买优质股份。
9. 趁低吸纳。
10. 不要惊慌。
11. 注意实际报酬。

投资大师约翰·邓普顿

12. 分散投资。

13. 尝试各种投资组合。

14. 监控自己的投资。

15. 对投资抱正面态度。

财富名人堂

阿列克谢·穆尔达索夫（Alexey Mordashov）：
男，2013年《福布斯》全球亿万富豪排行榜上排名
第七十三名，净资产一百二十八亿美元。俄罗斯
人，从事金融，对冲基金业。俄罗斯北方钢铁公司
的首席执行官，其资产在近些年内大幅增加，主要
得益于国际钢材价格的上涨。虽然经济趋势大好，
但他还是打算出售至少一部分外国资产，以便专心
经营在俄罗斯的产业。

贾尼尼
商业奇才出少年

贾尼尼（A. P. Giannini），全美第一大银行家，美洲商业银行创始人。美洲商业银行是美国第一家为普通百姓提供金融服务的银行。他被人们称为"现代银行业之父"。

贾尼尼在不到十岁的时候，母亲改嫁了一位好心的车夫。继父对贾尼尼很好，一直都觉得他是个特别聪明的孩子。

在贾尼尼十二岁的时候，继父和母亲开了一家水果批发商行，贾尼尼做事能吃苦，待人又热情，很快就成了商行中的好帮手。

通过对商行生意的观察，贾尼尼对继父建议说："我听说过圣阿那有卖柳橙和葡萄柚，我们进点货怎么样？"

继父大吃一惊："圣阿那？那么远的地方谁去进货？谁会吃柳橙和葡萄柚？"

贾尼尼说："虽然路程远，但是很值得我们跑一趟的，圣阿那是柳橙和葡萄柚的产地，他们的售价一定很低，只要我们能新鲜地运来，肯定会大赚一笔的。"

继父半信半疑地从圣阿那运来柳橙和葡萄柚，市场反应果然和贾尼尼设想的一样，民众很喜欢这两种水果，甚至在日后，原本在加州极为罕见的柳橙和葡萄柚也成了加州的特产。

面对自己的初次市场尝试，贾尼尼并不满足，他想要的更多。为了降低进货价格，他抛弃了水果商贩，亲自去跟果农们洽谈。在农作物未采收之前就与农民订立收购契约。这要付一部分订金，但蔬菜和水果的价格却要比码头上便宜得多。他这样做，不仅从贩运商手中夺走了利润，而且，比贩运商们买来的还便宜。农民也很乐意，因为得到了订金，农作物的销路也有了保证，又可以减少甚至避免气候突然变化造成的损失。这种做法是一个了不起的创举。年仅十九岁的贾尼尼因此被人们视为经商的奇才、鬼才。

经过几年的奋斗，贾尼尼和继父已经小有成就，后来，他娶了银行家的女儿，这场婚姻彻底影响了他的事业轨迹。

贾尼尼凭借岳父遗留下来的股份，进入了哥伦布银行当董事。他为人热情的性格让他很快得到下属的爱戴，但是他和银行的其他董事之间却经常发生争执。

银行原先的董事们坚持因循守旧,而贾尼尼坚持银行应该拓宽经营范围、坚持平民化。双方都不退让,最终作为后来者的贾尼尼放弃了哥伦布银行,但不代表贾尼尼放弃自己的人生,他一直在思考,既然自己有想法,为什么不自己做呢?

于是,贾尼尼找来十个人合伙开办银行。股东只占三分之一股份,其余三分之二在普通民众中募股,这些人包括鱼贩、菜商的老板和一些乡下农民。总的来说,以意大利移民为主要对象,名称就叫意大利银行。

意大利银行最初并不很顺利,一些穷苦人民宁愿把钱藏在床底下,也不愿意交给银行。贾尼尼的亲生父亲正是因为借一美元而惨遭横祸,贾尼尼记得这种困窘,于是他一家家造访,劝说他们,虽然并没有获得更多的资金,但却让意大利银行被更多的人熟知。

不久之后,旧金山发生了举世震惊的大地震,面对灾难,大多数的银行选择拒不开门,怕民众借钱。贾尼尼却反其道而行之,在灾难后的第四天,贾尼尼在报纸上刊登广告称:"意大利银行正式开业,时间照旧,露天营业,不受地震威胁!"

此举使得意大利银行广为流传,但和贾尼尼设想的不同,前来存款的人比借钱的多,因为地震引起了火灾,人们开始觉得把钱放在家里不安全。这次行动让那些拒不开门的银行家们懊悔至极。

就这样,意大利银行得以从很低的起点上飞快地崛起,最终成为美国第一大银行。

天下"财"经

贾尼尼的父亲因为一美元被人开枪打死,对他产生很大的冲击,在他成为银行家后,坚决反对放高利贷,一心为农民和普通民众服务,打破了银行只为少数富人服务的历史,创建了遍布欧美的意大利银行分行网。

贾尼尼只有小学文凭,却能用七国语言打出广告,将普通百姓作为银行的宣传对象。他创建的美洲商业银行的资产规模仅次于花旗和摩根大通,而在二十世纪四五十年代,它一度是美国规模最大的商业银行,也是美国第一家为普通百姓提供金融服务的银行。

金融大亨贾尼尼银行总资产达二十亿美元,可是他的全部遗产却只有价值四十三万九千美元的不动产,在离世前他将近五十万存款全部捐献出来,用于医学研究和银行员工子女教育奖学金,这是当之无愧的"为大众而服务"。

约翰·戴维森·洛克菲勒

敢大额贷款的"吝啬鬼"

约翰·戴维森·洛克菲勒(John Davison Rockefeller),美国实业家、慈善家,是美国历史上的第一位亿万富豪和全球首富。

洛克菲勒生平的最大特点就是神秘莫测,他主管着当时最大的企业和慈善事业,却一直是位令人难以捉摸的古怪人物。他缔造了美孚,创造了巨大的财富,其人生经历也因此而充满了传奇色彩。

洛克菲勒的父亲是一个行为放荡的假药贩子,正因为这种职业,全家人都生活在动荡不安的生活中,生怕父亲哪天会被警察发现,一家人从此断了经济来源。

在这样的环境下,洛克菲勒到了十六岁那年,花一毛钱在市场上买了个小本子,认认真真记下自己每天的开销,这个习惯一直延续到他成为公司大股东之前。当洛克菲勒在六十多岁的时候,再次翻开这个小本子,不禁老泪纵横,认为这是他一生最宝贵的财富。

拥有商业天赋的洛克菲勒在十八岁起就开始尝试靠自己赚钱,并且每次都能赚到钱,但赚到钱的洛克菲勒还是依旧那么节省,并且一如既往地记录自己的各项开支。甚至在他腰缠万贯后,迎娶自己的高中同学劳拉,也只是花了十五美元购买了一个婚戒,并把该项开销记录在"杂项开支"里。

就是这样一个吝啬鬼,在开发石油期间却敢大笔贷款以扩大炼油厂。洛克菲勒的这个举动惹恼了他的合作伙伴克拉克,两人经常大吵大叫,这让洛克菲勒非常头痛。

洛克菲勒在他的回忆录中说,那是 1865 年 2 月 1 日的一天,洛克菲勒将几个公司合伙人带到自己家里,向他们讲述了自己打算快速发展炼油厂的想法——这恰恰是克拉克最深恶痛绝的事情。

那一天,洛克菲勒和自己的朋友们谈得很不愉快,最后洽谈的结果是,他们打算卖掉公司,转让给能够出价最高的人。

经过反复思量,洛克菲勒决定自己买下公司,而克拉克也有此意。到了拍卖公司的那一天,克拉克带着自己的律师来助阵,洛克菲勒则自己为自己代言。

拍卖的底价不高,仅有五百美元,但在合作伙伴们的哄闹下,很快涨到了五万美元,这已经远远超过了洛克菲勒认为的炼油厂的价值。最后,价格被克拉克提升到七万美元,洛克菲勒明白,如果自己失去这次机会,下次再得到一个炼油厂的机会不知道还需要多少年了。

最终,洛克菲勒在克拉克的挑衅下最终给出了七万两千五百元的报价。就这样,二十六岁的他赢得了克利夫兰最大的炼油厂,每天能提炼原油五百桶。

洛克菲勒尽管一向行事谨慎,这次却显示出远见和胆量,炼油厂的成功竞拍为洛克菲勒日后成为石油大王打下了坚实的基础。

🛢 天下"财"经

约翰·戴维森·洛克菲勒(1839—1937年),美国实业家、慈善家。1870年他创立了标准石油公司,并于短短九年间垄断了全美百分之九十的石油市场,尽管如此,洛克菲勒并没有因垄断市场而任意提高油价,反而在他统领石油行业的数十年间,日常用油的价格降低了近百分之八十。

洛克菲勒说:"继续努力吧! 我们要永远记得我们是在为穷人们提供用油,而且必须是又便宜又好的油。"

约翰·戴维森·洛克菲勒和家人

自洛克菲勒的第一份薪水开始,他就开始将十分之一捐给教会,当他拥有巨额财富时,也慢慢将重心从商界移至慈善事业,他的捐助主要集中在教育与医药方面。美国两所顶尖大学：芝加哥大学与洛克菲勒大学都是他出资创办的。他还资助了北美医学研究，包括根除钩虫和黄热病，也对抗生素的发现给予了很大的帮助。洛克菲勒一生总共捐助了约五亿五千万美元用于慈善事业，开创了美国富豪行善的先河。

财富名人堂

李健熙：男，2013 年《福布斯》全球亿万富豪排行榜上排名第六十九名，净资产一百三十亿美元。韩国人，从事手机制造业。韩国最大的综合财团三星集团的掌门人，三星电子在 2011 年的总销售额达到了一千五百五十亿美元，成为全球最大的内存芯片和平板电视生产商。

华伦·爱德华·巴菲特
健康才是真正的财富

华伦·爱德华·巴菲特(Warren Edward Buffett),美国投资家、企业家及慈善家,被称为"股神"。

五岁开始在家门口摆地摊兜售口香糖,十一岁买了人生第一支股票,十七岁进入宾夕法尼亚大学攻读财务和商业管理,一年内获得学士学位,二十岁考入哥伦比亚大学,又在一年内获得经济硕士学位,二十七岁赚到五十万美元,三十四岁掌管的金钱达到两千两百万美元……这些辉煌的纪录都属于人们心目中的"股神"巴菲特。

在赚取大额金钱之后,有人问巴菲特:"你现在已经是美国最富有的人之一了,下一个目标是什么?"

巴菲特回答:"我下一个目标就是成为美国最长寿的人,没有什么比健康更重要了,健康才是最宝贵的财富。"

提问的人反驳说:"那是因为你现在是富有的人,如果你现在是贫苦的人,你肯定不会这么想。"

巴菲特给他讲了一个故事,这个故事也是巴菲特经常在大学演讲时讲给大学生们听的。

巴菲特说,在他十六岁的时候,他只关心两件事情:汽车和女孩。因为年轻的时候不善交际,和女孩的交往不是很顺利,于是他全部的注意力就转移到了汽车上,什么汽车名贵,什么汽车性能好,他都一清二楚。

就在他十六岁这年的一天晚上,一个神仙进入到他的梦境中。

巴菲特第一次见到神仙,自然兴奋至极,尤其神仙开口对他说话,他就更开心了。那神仙对他说的是:"你想要什么样的车?不管你要什么,我都会送给你。明天一大早,这辆车就会绑上丝带送到你家的门口。"

"真的吗?"听了神仙的话,十六岁的巴菲特并没有被兴奋冲昏头,反而谨慎地问神仙,"这么好的事情,你要我拿什么条件来交换?"

神仙回答说:"放心,我什么都不要。我给你的这辆车,是你这辈子唯一能够得到的车,你要用一辈子。"

巴菲特从梦中醒来，发现不过是南柯一梦，等到他老了才明白：其实每个人一生都拥有一辆汽车，这辆汽车就是自己的身体。每个人都只有一个心脏、唯一的一个身体，这个身体每个人都得用上一辈子。如果一个人好好对待自己的身体，就很容易用上很多年；如果不爱惜自己的身体，那么"这辆车"很快就会变成破铜烂铁。而当一个人到了四十岁，还不爱惜自己的身体，就如同一辆开了四十年却从来没有好好保养过的老爷车一样，迟早会出大问题的。

🪙 天下"财"经

华伦·爱德华·巴菲特（1930 年—），美国投资家、企业家及慈善家，被称为"股神"，根据《福布斯》杂志公布的 2010 年度全球富豪榜，他的净资产价值为四百七十亿美元，仅次于卡洛斯·史林·埃卢和比尔·盖茨为全球第三，他对于慈善事业的贡献也在美国历史上创下了新的纪录。

巴菲特从小就极具投资意识，他对股票和数字的钟情程度远远超过了家族中的任何人，十一岁就购买了人生第一支股票。巴菲特的投资模式为：产业＋保险＋投资，也称之为"伯克希尔"模式。他的投资原则有六条：竞争优势原则；现金流量原则；"市场先生"原则；安全边际原则；集中投资原则和长期投资原则。

他最常说的一句话是"投资的第一条准则是不要赔钱；第二条准则是永远不要忘记第一条！"他归纳出投资的六条法则：赚钱而不是赔钱；别被利益蒙骗；要看未来；要赌就赌大的；坚持投资能对竞争者构成巨大"屏障"的公司；要有等待的耐心。

财富名人堂

塞尔日·达索（Serge Dassault）：男，2013 年《福布斯》全球亿万富豪排行榜上排名第六十九名，净资产一百三十亿美元。法国人，从事飞机制造业。从他父亲那里继承了达索集团，达索集团的现任董事长兼首席执行长，该集团涉足软件、媒体和航天产品等领域的投资。2004 年，达索集团收购了新闻媒体《费加罗报》，此后收购多家媒体公司，并组建了费加罗集团。

岩崎弥太郎
监狱里学到的财富知识

岩崎弥太郎，"日本第一财阀"三菱财阀创始人，主营海运业，是名副其实的"海上霸主"。

1854 年，岩崎弥太郎一直追随的老师觉得他们的家乡实在是已经没有发展前途了，决定去江户一带闯荡生活。得知这个消息的岩崎弥太郎也想跟着去，就跟父亲说了这个决定。

父亲在烛光下吸着烟，过了很久才对岩崎弥太郎说："你放心去吧！家里一切都交给我。"

于是，岩崎弥太郎在第二天和老师一起踏上了去江户闯荡的旅程。

在走到村口的时候，他突然听到背后老父亲在呼唤自己。

岩崎弥太郎转过身去，老父亲胳膊上挎着一个布袋，疾步走到岩崎弥太郎面前，把布袋交给他："这是一点盘缠，你带上，如果去到了江户，有什么小生意可以做，你还能当本钱。"

岩崎弥太郎知道家里已经穷得家徒四壁了，父亲是从哪里弄来的钱呢？

看到儿子疑惑，老父亲说："穷家富路。这是卖掉祖先遗留下来的山林所得的钱，你什么都不用担心，放心去吧！"

岩崎弥太郎很感动，在和老师走到家乡西边的妙见山时，他特意来到星神社（一家祠堂），掏出随身携带的笔墨，在星神社的门上写着："日后若不能名扬天下，誓不再登此山"以表决心。

在江户生活的日子，岩崎弥太郎的学识大有长进。但就在他准备一展拳脚的时候，家乡却传来了一个坏消息，他的父亲被人陷害入了监狱。

岩崎弥太郎从江户奔回家乡为父伸冤，但让他没想到的是，当地的官员早就已经串通一气，拒绝了他的伸冤，他年迈的老父亲依旧被关押在牢房里。

愤怒的岩崎弥太郎在官府的柱子上用小刀刻下"无贿不成官，罪由喜恶判定"的字样，官员很生气，命人把柱子砍了。岩崎弥太郎又在官府周边的白墙上写下了同样的字样。官员恼羞成怒，派人将岩崎弥太郎也逮捕下狱了。

岩崎弥太郎和一个樵夫被关在一起，这个樵夫师从名门，擅长算术，还没来得及用自己的知识大展拳脚,就被关进了牢狱。

一天,樵夫对岩崎弥太郎说:"世界上最有意思的事情就是做生意了。"

岩崎弥太郎说:"我也想做生意,可是我不会算术。"

樵夫高兴地说:"我教你,刚好可以打发时间。"

没多久,岩崎弥太郎就能很熟练地算术了,樵夫夸奖他说:"你可真厉害,我学了四五年才学会,你竟然不到一个月就全明白了,你的将来一定是不可限量的。"

刚学会算术的岩崎弥太郎也很兴奋,他对樵夫说:"我将来要是能成为巨富,一定送你一衣柜的金子。"

对别人来说,牢狱之灾是惨不忍睹的,但是对岩崎弥太郎来说,这次的牢狱之灾却是一次命运的转机。一年后,他被释放了,从此开始踏上了经营之路。

天下"财"经

岩崎弥太郎(1834—1885 年),"日本第一财阀"三菱财阀创始人,明治前期著名的企业家,1879 年的日本富豪排行榜上居第二位,主营海运业。

安艺市岩崎弥太郎像

1871 年,岩崎弥太郎收购"九十九商会",并于 1873 年改名为"三菱商会",开始了创富的道路。当岩崎弥太郎仅次于三井家族的八郎右卫位居日本富豪榜的第二位后,又以海运业为中心,逐步将业务范围扩大至汇兑业、煤矿业、海上保险业、仓储业等。

十九世纪八十年代,当三井财阀开始对三菱大肆反击时,岩崎弥太郎积劳成疾,因胃癌恶化而亡,使得三菱几近资不抵债,幸而岩崎弥太郎的儿子岩崎弥之助扛起了大梁,坚定地实施"果断决策,进退有度"的经营理念,又一次将三菱带上了腾飞的道路,被称为三菱"近代派"的领导者。

今天的三菱集团早已超过二战前居日本第一的三井集团,成为日本最大的垄断财团,被经济界称为"日本的巨人"。

财富名人堂

唐纳德·布伦(Donald Bren):男,2013 年《福布斯》全球亿万富豪排行榜上排名第六十九名,净资产一百三十亿美元。法国人,从事房地产开发业。曾经靠着滑雪奖学金入读了华盛顿大学、利用一万美元的贷款修建了自己的第一栋别墅的青年,现在是美国最富有的房地产开发商,拥有五百栋办公物业,以及一百一十六个公寓小区。

刘晏
中国最早的理财家

<hr />

刘晏，是唐朝著名的经济改革家和理财专家，他将中唐的经济从将要崩溃的边缘引向繁盛。

公元762年，安史之乱使得唐朝的经济元气大伤，皇太子李俶（后名李豫）在其父肃宗灵柩前依其遗诏即位，改名豫，史称唐代宗。

李豫即位之后，面对前辈留下的烂摊子，每日头痛不能入睡。这时，有人向他推荐了一位贤臣，这个人也确实如举荐人所说，在日后的为官生涯中，为中唐的经济做出了不可磨灭的贡献。这个人就是中国最早的理财家刘晏。

李豫第一次接见刘晏，话说没几句，李豫就觉得自己可以信赖这个人，便将国家面临的真实情况向他做了说明："刘爱卿，国家面临的问题，你应该也是了然于胸的，你看应该怎么解决这些问题呢？"

唐代宗李豫画像

皇帝的赏识让刘晏打心眼里觉得欣慰，他更是明白"知遇之恩当衔环以报"，于是便将自己的看法向李豫一一道来："陛下，如果您赋予我权力，我想从三个方面进行改革。"

李豫兴趣满满："哪三个方面？"

"第一，是改革盐法。"刘晏慢条斯理地说，"现行的盐税甚低，且政府垄断食盐的产销，虽然政府的盐利大增，但盐吏猛增，扰民现象严重；加之政府垄断销售，经营不善，弊病亦多。如果是我管理盐务，我会变民制官收官运官销为民制官收商运商销，由政府独占盐利到官商分利转化。再辅以常平盐法，派盐官运盐到边远地区储存，在食盐供应困难、价格上涨时以平盐出售，做到了'官获其利而民不乏盐'。我相信一年下来，可以将获利提升几倍，从而充盈国库。"

"不错。"李豫赞赏道,"这样做,既可以解决国库空虚问题,也能让老百姓吃到盐,可谓是一举两得。那第二点呢?"

"第二,是整顿漕运。"刘晏接着说,"分黄河水入通济渠使运河畅通、建造船场专门建造漕船、改直运为分段接运、在各交接之地修建粮仓贮存运来的漕粮,维持国库储备粮的充裕。"

"这个问题也很重要。"李豫赞同他的观点,"第三?"

"第三,是行常平法,平衡物价。"刘晏越说越激昂,仿佛已经看到自己掌握大权对这个国家的顽疾进行修整一般,"选派能干廉洁的官吏,要他们定期向中央汇报各地雨雪丰歉情况。在粮食丰收的时候,令各地以适当高于市场的价格收购粮食,以免商人趁机压价,谷贱伤农;在青黄不接,特别是歉收年份,政府用低于市场价格出售粮食,保护百姓。在市场价格正常时,按市价在产粮区收购粮食,以充实储备或做调剂之用。这样,既可以使政府稳定了物价,而且也防止了富商大贾囤积居奇,牟取暴利,从而维持国家的财政收入。"

"如此甚好!"李豫激动地从龙椅上走下来,"我给你权力,就按照你说的办!"

后来,刘晏在为官期间,又采取了一系列的财政经济改革措施,为中唐经济的恢复和振兴做出了重要贡献。

天下"财"经

刘晏(公元716—780年),字士安,是唐朝著名的经济改革家和理财专家,年少时已崭露才华,名噪京城,七岁就被称为"神童"。

天宝年间开始从事税务工作,一路扶摇直上,历任吏部尚书同平章事,领度支转运使、铸钱、盐铁等使,实施了一系列的财政改革措施,包括:改革漕运、改革盐政、改革粮价、推行常平法等。刘晏的经济思想主要是"利用商品经济增加财政收入"。他认为到处都有增加收入的门路,而在当时,盐是人民的必需且急需的商品,因此在盐价中征收税款,就可以让财政获得稳固的收益。

刘晏的理财思想是"理财要以养民为先",他把赋税的增加建立在户口增加的基础之上,通过有利于人民休养生息的政策来促进人口的增加和生产的发展,从而最终实现税款的增长。

尽管刘晏为安史之乱后的唐朝经济做出了巨大的贡献,但在封建制度下却难逃功高犯忌的命运,最终含冤而死。

范蠡
传说中的财神爷

范蠡，中国历史上早期著名的政治家、谋士和实业家，他以经商致富，广为世人所知，被称之"财神"。

在中国古代的传说中，财神是有文武区别的，武财神通常说的是赵西元帅，还有一位是关二爷；文财神，一位是比干，另一位就是范蠡。为什么要拜范蠡为财神，这就要从范蠡"三聚三散"的故事说起。

范蠡的"一聚一散"，是他辅佐越王勾践的时候，两人深谋远虑了二十多年，最终勾践成功复国。复国之后，在论功行赏的宴席上，范蠡发现勾践面无喜色。长年的交往让范蠡很了解勾践，这个看起来大度的男人实际上只能共患难而不能共富贵。于是，范蠡毅然辞官离去，带着家眷及几件简单的行李，到了齐国。

到了齐国之后，范蠡担心越王勾践追查他的下落，更名改姓，带着自己的儿子在海边耕种土地、勤奋治产。范蠡很聪明，他的儿子很孝顺，几年下来，他们就积存了不少家产。

随着财富的累积，范蠡的名声也越来越响，响到齐国的国君都知道了他的大名，特意派人送来丞相印章，希望他能担任齐国的丞相，为齐国效劳。

这个消息并没有让范蠡很高兴，反而带给他无尽的烦扰。他对儿子说："治家能到千金、治国能到丞相，我现在两样都得到了，恐怕接下来会有不幸啊！"

为了避免这接下来可能的"不幸"，范蠡和儿子商量后，将丞相印章退还给了齐国国君，把家里的万贯家产也分给了朋友和乡邻，带着一点珠宝和盘缠，和儿子一起继续悄悄来到了定陶。这就是范蠡的"二聚二散"。

到了定陶的范蠡，干脆也不改姓了，只让人称呼他为陶朱公。

陶朱公在定陶也没闲着，他凭借自己的智慧，很快又发现了当地的致富之路。他发现这个地方实在是从事贸易的好地方，于是和儿子一起，还是从耕畜业开始，按照时机向市场提供产品，不久又累积到了巨额的财富。当范蠡到了老年，根据自己身体的实际情况，他又开始做起了生意，也是很快累积到大量的金银财宝。

然而，正如范蠡所担心的那样，上天不会一直赐福同一个人，某年，他的二儿子在楚国杀了人，被判死刑。

范家决定用钱来救人,可是委派谁去楚国呢?一开始,范蠡决定派小儿子去,谁知大儿子也想去,在遭到父亲的拒绝后,他红着眼眶,愤恨地说:"家中出了这么大的事,也不让我出面,摆明了说我没用!"说着,拿出匕首,想要自杀。

　　范蠡叹了一口气,语重心长地教导大儿子:"你去也可以,但要谨记,一切听从庄生的安排,万万不可与他发生冲突!"

　　就这样,大儿子来到了楚国。

　　他找到了庄生,献上重金,然后说明来意。

　　庄生答应了下来,让他赶紧离开楚国,接着去求见楚王,说天有不祥之兆,只有行善才能消除灾祸,楚王听后决定赦免罪犯。

　　实际上,范蠡的大儿子并未离开,他听到楚王要赦免罪犯的消息,心想,弟弟被放出来已成定局,为什么还要把黄金送给庄生呢?于是,他竟然厚着脸皮来到庄生家里。

　　庄生见到他,不由得大吃一惊,问:"我不是让你离开楚国吗?"

　　范蠡的大儿子假装恭敬地回答:"我听说弟弟被楚王赦免了,就来向你辞行。"庄生知道他葫芦里卖的是什么药,就让他拿回金子。

　　原本,这些黄金庄生是想还给范蠡的,但范蠡大儿子的行为激怒了庄生,他决定给范家一个教训。

　　庄生再次去见楚王,说:"民间谣传您大赦天下只是为了照顾朱公(范蠡)的儿子,不然朱家也不会用重金收买您身边的人。"

　　楚王听罢暴怒,下令杀掉范蠡的二儿子。

　　范家的人都傻了眼,唯独范蠡一脸淡然,他长叹一声说道:"大儿子从小和我在一起吃苦,养成了勤俭持家的性格,在需要花钱的时候放不开手脚;小儿子含着金汤匙长大,不知创业艰难,自然能舍弃金钱。大儿子执意要去,我知道二儿子必死无疑,只能等着噩耗传来啊!"

　　这是范蠡的第三次聚财和散财。

💰 天下"财"经

　　范蠡(公元前536—448年),字少伯,是历史上早期著名的政治家、谋士和实业家,他以经商致富,广为世人所知,后代许多生意人皆供奉他的塑像,被称之"财神"。

　　范蠡虽然出身贫寒,但年轻时就学富五车,胸藏韬略,三次白手起家均成就巨富,又三散家财,自号陶朱公,是中国儒商的鼻祖。

范蠡不仅经商有道,在从政治国方面也颇有建树,他的儒家思想追求和谐的天道、地道和人道,他在治国方面提出的军事宗旨是:"强则戒骄逸,处安有备;弱则暗图强,待机而动;用兵善乘虚蹈隙,出奇制胜。"至今仍为后人称道并沿用。

范蠡的经济思想有:"劝农桑,务积谷""农末兼营""务完物、无息币""平粜各物,关市不乏,治国之道也""夏则资皮、冬则资絺、旱则资舟、水则资车,以待乏也",这些经济主张至今都对经济管理研究有着积极的意义。

范蠡画像

财富名人堂

马克·扎克伯格(Mark Zuckerberg):男,2013年《福布斯》全球亿万富豪排行榜上排名第六十六名,净资产一百三十三亿美元。美国人,从事网络服务业。哈佛大学计算机和心理学系辍学生,美国社交网站Facebook的创办人,被人们冠以"盖茨第二"的美誉,是历来全球最年轻的自行创业亿万富豪。

刘瑾
死后被人吃掉的巨贪

刘瑾,明朝著名的权宦之一,他的财产超过国库的三十倍。

明武宗时的太监刘瑾是中国历史上有名的宦官之一,他的出名不是因为他有多么慈善,而是恰恰相反,受他迫害的老百姓千千万万,而他的索贿受贿也直接导致了地方冲突的激化。官员们向他行贿后,必然要加重剥削百姓,逼得百姓走投无路,只好反抗。在刘瑾被处死后仅仅几个月,京城地区便发生了刘六、刘七起义。

如果刘瑾仅仅是在权势的路上越走越远,也许他还能最终捡回一条命。但他作威作福惯了,竟然想谋朝篡位。但他没想到,他的所作所为,都完全看在了其他一些人的眼里,这些人就是"七虎"。

所谓"七虎",就是指除了刘瑾之外的七位宦官,他们和刘瑾一起经常陪着明武宗游戏玩乐,对老百姓和百官欺诈勒索,人们都厌恶地称他们为"八虎"。当刘瑾谋反的迹象显露出来之后,"七虎"立即离他而去,并且监视他的一举一动。事实上,"七虎"之所以这样对待他,也是因为之前他们要求刘瑾利用权力帮助自己的时候,刘瑾都以无利可图为理由拒绝了他们。积怨已深,"七虎"早就想把刘瑾赶下台。

明武宗画像

1510 年 4 月,武宗派都御史杨一清和"七虎"之一的太监张永去平定安化王的叛乱。叛乱平定之后,在向武宗报告战况时,张永揭发了刘瑾的十七条大罪。

明武宗大吃一惊,怎么也不敢相信自己的身边人有造反的倾向,连夜派人将刘瑾抓来问话。询问的结果让"七虎"很满意,明武宗也坐实了刘瑾的谋反之心。

第二天,明武宗带人亲自去搜查刘瑾的府院,结果发现了印玺、玉带等禁止百姓和官员私自拥有的禁物。而在刘瑾经常带着觐见的两把扇子中也发现了匕首。明武宗大怒，下令将刘瑾凌迟处死。

在古代的中国，一般的死刑犯要等到秋天霜降之后才会被处死，但谋反、杀父母等属于十恶不赦的大罪，因此不等到霜降，当年八月，刘瑾就被凌迟处死了。行刑共分为三天，在最后一天他终于断气之后，受过他迫害的老百姓纷纷用一文钱买下刘瑾被切割成细条的肉拿回家煮着吃，以解心头之恨。

天下"财"经

刘瑾（公元1451—1510年），明武宗时的大太监，明朝著名的权宦之一，有"立地皇帝"的之称。2001年，《亚洲华尔街日报》曾将明朝太监刘瑾列入过去一千年来，全球最富有的五十人名单。至于他的财产，据清赵翼《二十二史札记》所载，刘瑾被抄家时有黄金两百五十万两，白银五千万余两，其他珍宝细软无法统计，开创了"罚款"先河，领先世界一千多年！

刘瑾六岁被太监刘顺收养后净身入宫，他既通文史，又善于察言观色，随机应变，深受信任，于是数次升迁并最终爬上司礼监掌印太监的宝座。他异常贪婪，为了排除异己冤害了许多朝中正直的官员，而他利用权势肆意贪污更是给国家带来了巨大的灾难，当他被捕时，从其家中查出金银数百万两，并有伪玺、玉带等违禁物，后被凌迟处死。

尽管刘瑾极尽贪婪，却也曾经为国家做出过巨大贡献，他曾改革政治制度，提出包括人事、民事、军事方面共八十五项措施，史称"刘瑾变法"。他还降低赋税，减轻了农民的负担。这些都是对国家有益的举措，却也无法改变其"巨贪"的名号。

财富名人堂

柳井正：男，2013年《福布斯》全球亿万富豪排行榜上排名第六十六名，净资产一百三十三亿美元。日本人，从事零售业。日本迅销有限公司主席兼首席执行长，1972年接手营业额一亿日圆的家业，2004年达三千四百亿日圆，并打造出日本休闲服第一品牌UNIQLO。

第三章

财富从哪里来

创意
幸福的心情瓶

创意，是创造意识或创新意识的简称，通俗来讲就是创新的思想，是打破常规、叛离传统的思维和想法。

在杭州的一条小巷子，什么稀奇古怪的东西都有卖。在一个不起眼的角落，一个摊子上整齐摆放着许多旧的瓶瓶罐罐，每个瓶子标价 15～25 元人民币不等。

徐阿姨从这摊子经过，心想："这瓶子怎么也拿出来卖，谁会买这种东西。"

但出乎徐阿姨的意料，很快摊子前就排满了买瓶子的人，几乎全是年轻人。

徐阿姨挤到摊子前也想仔细看看瓶子，只见摊贩是一个二十多岁的姑娘，她看到围观者中出现年长者，就热情地介绍说："阿姨，这个是心灵瓶。"

她拿起一个瓶子给徐阿姨看："您看这瓶子外面黏着纸条，上面写着它的名称，您不妨买一个回家玩！"

徐阿姨拿起瓶子，看到瓶子上面果然都写着字，比如"睡够八小时"、"没有压力"、"勇敢爱"、"天天都是星期天"等或励志或温暖的字样。

热门的场面也引来了电视台的记者，他们扛着摄影机对准摊贩，年轻的摊贩害羞地说："我这个创意来自于一位瑞士的设计师，只不过他用的是牛奶盒，而我比较喜欢用玻璃瓶。"

摊贩对记者说，她从小就喜欢收集瓶子，她的家里有很多各式各样的瓶子，她某一天对着这些瓶子的时候，突然想到自己在公司的压力无从释放，就对着瓶子开始讲话，就像是很久之前的人们对着树洞讲话一样。讲完之后，她觉得压力顿时小了很多，于是她将瓶子制作得更加精美，同时附上自己的想法。

出乎摊贩的意料，这个精美的小瓶子在网络上引起了疯狂抢购，很多人都想对着这些个精美的瓶子说出自己的心事，让它成为自己情绪的发泄口。

在网络上热销之后，摊贩就开始尝试在市场上贩卖，没想到反应也很好，很多人都慕名前来，很多时候，她带来的瓶子都不够销售。

记者又随机采访了几个买瓶子的人。一个少女说："这已经是我第二次来买了。之前我买的是个励志的瓶子，今天想买个温暖的瓶子。现在大家压力都很大，每天回到家看到自己桌子上的励志瓶，对它说几句话，就觉得很有疗愈感。"

不只少女，几个排队的青年也说他们也能从这小小的瓶子上找到疗愈感。有个青年对记者说，他想要对一个女孩表白，自己喜欢她很多年了，但是一直都不敢，这次想买一个"勇敢爱"的瓶子给自己，提醒自己要坚持爱下去。

摊贩说："做创意，一定会有风险，但这是我的兴趣与爱好，我不想放弃，我今后还会推出其他系列的瓶子，还要在瓶子上加些颜色或花样，让这些瓶子更有质感与特别感。"

💰 天下"财"经

创意在经济财富中的应用展现在"创意产业"中，所谓创意产业，就是指那些从创造力、技能和天赋中获取发展动力的企业，发展中国家将其定义为"具有自主知识产权的创意性内容密集型产业"，并提出三方面含意，其一是因为创意产业来自于创造力和智力，因此又称为"智力财产产业"；其二是因为创意产业来自科技、文化和经济的融合，所以又称为"内容密集型产业"；其三是因为创意产业为有创造力的人群提供了一个很好的文化氛围，因此常常和文化产业的内容同时出现。

产生创意多数使用的是"头脑风暴法"，强调集体思考，互相激发思维火花，鼓励短时间内构想出大量的想法，并从中找出新颖有创意的点子。目前，创意所产生的产业集中在"创意市集"、"创意礼品"、"创意家居用品"和"创意设计"这几个方面。

财富名人堂

穆罕默德·阿毛迪（Mohammed Al-Amoudi）：男，2013年《福布斯》全球亿万富豪排行榜上排名第六十五名，净资产一百三十五亿美元。沙特阿拉伯人，从事石油开采业。他凭借自己的智慧，以及多年的苦心经营，在沙特阿拉伯拥有了属于自己的油田和财富，成为为数不多的黑人富豪。他在瑞典的主要资产包括在非洲生产原油的瑞典石油勘探公司，以及普利姆炼油厂。

流通
别针换别墅

流通是一种商品的运动过程，它是货币或其他交换工具在整个团体或社会内，从人到人的传递并收回流通中的货币或其他交换物品的过程。

现代的社会里有很多的"客"，尤其在中国，更是有许多这样的名词，比如说：

拼客，指为了节省开支等原因，而联合众人一起从事购物、饮食、旅游、租屋等消费行为的人。其范围可由消费扩展到投资或生活的各个层面。

威客，指运用自己的智能、知识、能力和经验，在因特网上为他人解决工作、学习、生活等方面的问题而换取经济收益的人。

而在这些客中，最让人瞩目的要算是"换客"了。

换客，顾名思义，就是用自己手里的东西来交换别人手里的东西。所有想交换东西的人们将自己闲置的东西整理出来，拍照并把详细资料发布在网络上，通过交换获得自己想要东西。这个过程和最原始的"以物易物"类似，只不过是交易地点从实体的面对面变成了网络。

在众多的换客网站上，都流传着一个著名的"别针换别墅"的故事。

故事的主角叫作麦克唐纳，他想用一个红色的别针换更好更大的东西。于是，他把这个别针拍了照片放在换客网上，等待着有人来回应他的交换要求。

几天后，出乎麦克唐纳的意料，竟然真的有人选择交换他的别针，用来交换的东西是鱼形笔。麦克唐纳收下了这枝鱼形笔，后来美国西雅图的一个换客又用一个带着可爱笑脸的陶瓷门把手交换了这枝鱼形笔。接下来，麦克唐纳又用陶瓷门把手换到一个烤炉。

这两次的交换经验让麦克唐纳开始意识到一个问题，只要有人愿意，他可以在换客网换到更多价值更高的东西。

发现新大陆的麦克唐纳从此一发不可收拾，他相继换到了旧发电机、啤酒广告霓虹灯和满桶的啤酒、雪地车。

有家雪地车杂志联系到他，表示愿意用一次免费的旅行来交换麦克唐纳的这辆雪地车。后来，麦克唐纳又用这次免费旅行的机会换到了一辆货车。

这个消息被一个记者在报纸上报道后，一个音乐公司的制作人联系了他，用一张为期一年的唱片合作合约换了他的货车。

这个唱片制作人在当地是非常著名的,于是,在故事的最后,一个女歌手愿意把自己的别墅借给麦克唐纳住一年,作为条件,麦克唐纳需要把那张唱片合作的合约过继给他。

就这样,麦克唐纳用一个别针换到了一个别墅的居住权。

天下"财"经

虽然这只是个比较极端的故事,但是也说明了换客网站上交换的原则完全是按需原则。在这里,流通完全不是按照价值平等的原则来进行,而是按照人们的真实需要。比如有人用考查研究的资料换取手机,有人用旧军装换取化妆品。这些都是换客网的魅力所在。

流通是一种商品的运动过程,它在经济领域的概念是:"货币或其他交换工具在整个团体或社会内,从人到人的传递并收回流通中的货币或其他交换物品的过程。"故事中,用别针换取别墅的过程就是流通的一种表现过程。

广义的流通是商品的买卖行为以及相关联的整个循环过程,例如商品的运输、包装、储存和报关等;而狭义的流通则是商品从生产走向消费的过程。流通本身并不创造价值,但是它确实是创造和实现价值最为必要的条件,它是由社会分工和生产的社会化引起的,只有经过流通的过程,货币才能转化为生产的资金,同样,商品的资金也才能转化为货币存在。

财富名人堂

路易斯·卡洛斯·萨米恩托(Luis Carlos Sarmiento):男,2013 年《福布斯》全球亿万富豪排行榜上排名第六十四名,净资产一百三十九亿美元。哥伦比亚人,从事银行业。白手起家,他被认为是哥伦比亚最审慎的知名企业家。他的职业生涯开始在二十世纪五十年代,建设住宅和商业发展。后集中力量并购银行和金融服务机构。到 2000 年,他被广泛承认为哥伦比亚最大的银行大亨,持有大约百分之二十二的本地银行的资产。

七二法则
赔掉一个王国的棋局

七二法则,是用来估计将投资倍增或减半所需时间的法则。当计算投资所需时间时,把七二法则相对应的数字除以预估的增长率即可得出投资倍增结果。

在很久以前,有个国王非常喜欢下棋,并且棋艺很高,在他的国家里很难找到对手。

为了找到能够一较高下的高手,国王在城门口张贴了一张告示,称无论是谁,只要能下棋赢了他,他就答应那个人一个要求,不管那个要求是什么。

一天,一个旅行的年轻人来到这个王国,他在告示前看了很久,最终决定和国王对弈。

国王不是谁都能见的,在见国王之前,年轻人先是和这个国家里有名的棋手对弈,把他们都击败之后,才由内侍带领着来到国王面前。在见面之前,国王就听说了年轻人的"壮举",他迫不及待地摆开棋局。

经过紧张地对弈,年轻人落下最后一子,对国王说道:"陛下,这局我赢了。"

国王看着厮杀过的棋局感慨万千:"输掉一场对弈的感觉也不错,说吧!年轻人,你想要什么奖励?"

年轻人恭敬地说:"陛下,我的要求很简单,棋盘共有三百二十四个格子,我要求您在棋盘的第一个格子中放一粒麦子,在第二个格子中放前一个格子的一倍,每一个格子中都是前一个格子中麦子数量的一倍,一直将棋盘每一个格子摆满。"

"这还不容易!"国王将手一摆,"把国库中的麦子抬过来一袋。"

年轻人笑笑,但什么话都没说。

一袋粮食下去了,两袋粮食下去了,三袋粮食下去了……很快国王就满头大汗了,他发现自己国库里的所有粮食加起来,仅够年轻人要求的百分之一。因为即使一粒麦子只有一克重,也需要数十万亿吨的麦子才够。尽管从表面上看,它的起点十分低,从一粒麦子开始,但是经过很多次的乘积,就迅速变成庞大的数字。

国王陷入了两难的境地,如果按照之前说好的,那么整个王国都会因为自己的一局棋而欠这个年轻人一百年的粮食;如果不给他,那之前发出的告示人人都已看到，自己就会失信。

天下"财"经

经济学的七二法则多用在投资领域，是用来估计将投资倍增或减半所需的时间，以反映出复利的结果。故事中的国王最终如何做出选择，不在财富故事的讨论范围之内，值得关注的是年轻人索取的奖品，这一棋盘的麦子就是完美展示了复利的效果。

复利的公式是："本利的和＝本金×（1＋利率）×期数"，期数的多少决定了算法的复杂与否，当期数很多时，这样乘下去很麻烦，于是使用七二法则则会快速得出结果，也就是当计算投资所需时间时，把七二法则相对应的数字除以预估的增长率即可。例如：以百分之一的复利来计息，经过七十二年以后，你的本金就会变成原来的一倍，这就是我们常说的"利滚利"的模式。

之所以选用七二，是因为它有较多因子，即一、二、三、四、六、八、九、十二和七十二，相对容易被整除，更方便计算，对于一般百分之六到百分之十之间的息率完全足矣，但对于相对较高的息率来计算，准确度则会降低，会有误差的出现。虽然七二法则并不像直接查表计算那么精确没有误差，但是已经非常接近精确，在投资规划中，是非常重要且有效的工具。

财富名人堂

格纳迪·季姆琴科（Gennady Timchenko）：男，2013 年《福布斯》全球亿万富豪排行榜上排名第六十二名，净资产一百四十一亿美元。芬兰籍俄裔，从事石油开采、天然气业。二十世纪八十年代末，格纳迪·季姆琴科负责经营国有石油出口公司 Kinex，此后他在私有化的过程中成为该公司的主要股东。

诚信
不合格就砸掉

诚信是指一个人的诚实和信用程度，既与个人价值取向相连接，更是与企业的商品信用价值息息相关。

1985 年，当海尔冰箱还被叫作"瑞雪牌电冰箱"时，一次寻常的质量检测检查出了问题。

质量检测小组的组长急匆匆地走进厂长张瑞敏办公室："厂长，出了一件不太好的事情，库存的冰箱中有七十六台是不合格的，您看怎么办？"

张瑞敏安抚质量检测小组组长的情绪："别激动，告诉我是怎么回事？是什么原因造成的？"

"每次的生产都有可能出现一台有质量问题的冰箱，积存下来放到库房里，就累积到了七十六台。这个是生产过程中不可避免的，现在的问题是，该如何处理这累积的七十六台电冰箱呢？"

张瑞敏点点头，表示对问题造成的原因已经了解。随后，他毫不犹豫地说："把它们都砸了。"

"砸了？"质量检测小组组长呆住了，要是下巴能像动漫人物一般掉到地上，他此刻一定会是一样的表情。来厂长办公室之前，他想过无数个回答，可能低价处理、可能维修再出售，但怎么都没想到会是"砸掉"这个"铺张浪费"的答案。

"是的，砸掉。"张瑞敏又问了质量检测小组组长一些问题，就让他离去了。

厂长要砸掉不合格冰箱的消息很快就在厂里传开了，人们议论纷纷，都说与其这么"浪费"，还不如直接低价卖给员工。在当时，一台冰箱可以卖到八百元人民币左右，而全厂员工每个月的薪水平均下来只有四十元。一台冰箱相当于一个员工两年的薪水，无论怎么看，厂长都太"浪费"了点。

厂里员工的争议也传到了张瑞敏的耳朵里，针对这个问题，张瑞敏特意召集全员开了个大会。

在会上，张瑞敏先是安排质量检测小组组长对七十六台的质量问题做了说明，这其中有生产线本身带来的问题，也有因为操作不当引来的问题。

质量检测小组组长讲解完毕之后,张瑞敏对大家说:"我也很希望能便宜处理给大家,可是一旦我们这样做了,就相当于告诉大家,我们的工厂是可以生产这种次级品的。这次发现的是七十六台,下次有可能就是七百六十台、七千六百台……长此下去,我们就会成为一家只能生产出劣质产品的工厂。如果真的到了那一步,还有谁会信赖我们的产品? 我们的工厂还有何诚信可言? 到那时,我们所有人都只能回家。"

说完,张瑞敏在全体员工的注视下主持了砸冰箱的活动,而且是由生产该台冰箱的负责人自己去砸。

这次的砸冰箱行动,让全体员工对于质量问题都有了一个新的看法,在之后的生产过程中也更加注重操作的正确性,使劣质产品的数量大大减少了。

天下"财"经

诚信的本质是"知行合一",不仅在意识层面真诚相待,不能欺瞒,更要在行为层面切实遵守社会和职业的道德规范,切忌弄虚作假和假劣伪冒。故事中,张瑞敏虽然看起来"浪费",但却通过砸掉七十六台冰箱赢得了公司日后产品的诚信。

中国人的诚信更多是来自古代自然经济社会中的亲情伦理关系,而西方的诚信则是来自于商品和货币经济中互利互惠的契约伦理,诚信被当成做人的道德法则,并将其与法治结合起来。

诚信的本质有三个方面:

一、诚信是自然人在社会生活中应当具备的行为品格。

二、诚信是社会的道德法则和规范。

三、诚信是个人与社会、意识与行为的辩证统一。

在现代社会生活中,诚信不仅具有教育和激励的作用,更是具有很强的约束、规范和调节的作用,它有三个重要的功能:第一是个人必须具备的品格和素质;第二是企业中普遍适用的道德规范;第三是国家政府立国的根本。

投资
仙女和金币

────────◆────────

投资,是用某种有价值的资产,其中包括资金、人力、物力以及知识产权等投入到某个企业、项目或经济活动,以获取经济回报的商业行为或过程。

李先生的公司决定投资一家中型的网络公司,在投资之前,他去见了一位投资人朋友。

李先生问朋友:"我的公司打算投资一家网络公司,你有没有什么需要叮嘱我的?"

朋友笑着说:"投资最怕两件事:恐惧和贪婪,这会让我们在同一件事上犯同样的错误。现在你没有恐惧,那我来讲一个关于贪婪的故事吧!"

这位投资人要讲的,就是仙女和金币的故事——

故事的主角有两位,一位自然就是仙女,另一位是穷得只剩下一个打着补丁口袋的乞丐。

乞丐很信神仙,他每天都在祈祷神仙能够出现,救他于水火之中。终于有一天,天上的神仙听到了他的祷告,派一位美貌的仙女下凡来帮他。

仙女问乞丐:"上天听到了你的祈祷,现在你可以告诉我,你有什么愿望,我会尽量帮你实现的。"

乞丐说:"我想要很多金币,有了金币,我就能改变自己的命运。"

仙女觉得很可惜,乞丐如果要个聪明的脑袋,可能更会改变自己的命运。但乞丐这么说了,仙女也就照做:"那你拿个口袋来吧!"

乞丐拿出自己唯一的一个打着补丁的口袋,对仙女说:"您就把金币变在这个口袋里吧!"

仙女做出变法术的手势,在开始变金币之前,她对乞丐说:"我等一下会把金币源源不断地装到你的口袋里,但是你要记住一件事,在我离开之前,金币不能掉到地上,它们一掉到地上就会化为尘土。"

乞丐满口答应:"您放心,我肯定把口袋拿稳了。"

金币装到口袋的一半,仙女问:"这么多金币够了吗?"

乞丐贪婪地说:"不够不够,再多点。"

金币装到四分之三口袋的时候,仙女又问:"这么多足够你一辈子花用了吧?"

乞丐还是说:"不够不够,再多点,万一我的孩子不争气,不能赚钱,还要指望着这些金子呢!"

等到金币装满口袋的时候,仙女问:"这下可以了吧?"

贪婪的乞丐低声下气地说:"美丽的仙女,您就行行好吧!我这辈子已经穷怕了,您能多装点就给我多装点吧!"

仙女无奈,又在口袋里多装了两个金币。就在这时,装满金币的口袋不堪重负撑破了。金币散落一地,和仙女所说的一样,全部都变成了尘埃。

乞丐傻眼了,哀求仙女说:"等一下,我去找个结实的口袋。"

仙女摇摇头:"我下凡的时间已经到了,上天只让我给你一个愿望,我不能违抗。"

这样一来,乞丐依旧是那个乞丐,什么都没变化。

投资人说完这个故事对李先生说:"不管是个人还是企业进行投资,都要注意一个问题,那就是要学会止盈。每个公司在收益达到百分之百的时候都想要更多,但他们不知道,当已经开始盈利时,就要学会锁定收益,不要慌忙等到收益缩水时才'割肉'。学会了止盈,你就可以开始投资了。"

🪙 天下"财"经

从经济学的角度来说,投资是未来收益的一种累积。

它是企业在生产经营之外所持有的资产;是具有财务风险的资产;是以盈利为主要表现形式的一种资产;是以已有的资产而换取另一项资产的过程。

投资对国家的经济增长发挥着重要的影响,是经济增长的必要前提,也是科技进步的一种直接表现的方式。

进行投资的三个原则:

一、安全策略:要选择安全性较高的项目投资。

二、收益性原则:既然投资的目的在于提高经济收益,收益就是首要考虑因素,但因为风险与收益相对,所以要谨慎选择。

三、流动性原则:投资的风险受很多偶然因素的影响和支配,保持适度的流动是安全的体现。

理财金三角

比丈夫更会赚钱的妻子

理财金三角,是在理财投资之前需要掌握的一个非常重要且有效的法则,要求把投资理财进行"六、三、一"的组合,来确保投资理财的最佳受益。

冯先生毕业于知名院校,读完硕士之后,他进入到一家知名企业就职。工作几年之后,冯先生决定自己创业,二十八岁开了自己的公司,三十岁那年,他就已经累积到了上千万的身价。而冯太太在帮助丈夫创业成功之后,就一直在家中相夫教子。

过了一年轻松的家庭生活后,打拼惯了的冯太太开始觉得无聊了。孩子白天去上学,老公天天在外面忙,白天家里就自己一个人无所事事,这种闲适的生活实在不适合她这种职业女性。

就在冯太太百无聊赖的时候,她的一个知心好友打来电话。这位好友自从几年前去了国外工作后,就一直没有回国。此次回国休假,第一时间联系了冯太太。

几年没见的两人一阵寒暄之后,冯太太向好友讲了自己的近况。好友问:"你不是学财务的吗?怎么不在你老公的公司做财务工作呢?"

冯太太回答道:"我也想过,但是小公司可以家族管理,现在公司已经发展壮大了,再用家族式管理,迟早会出现大问题的。但是别的公司我也不太想去,所以就只能闲在家里了。"

好友说:"你为什么不做点小的投资呢?"

"投资?"冯太太眼前一亮,是啊!自己怎么就没想到呢?如果投资的话,自己的财务知识肯定能派上用场的。

好友向冯太太推荐了一家基金,推荐的理由很简单,她曾经带着十万元到这家公司买基金,却被基金公司拒绝了,因为她当时持有的是美国绿卡,而这个基金只卖给中国公民。好友说:"我虽然被拒绝了,但是更相信他们了。能严格做到这一点的公司,对产品的要求肯定也更高,它在将来一定会发展成很有实力的大公司的。"

在好友的坚持下,冯太太买了这家公司十万元的基金打算投石问路。但谁知道刚买就遇上基金大跌,冯太太紧张得睡不着觉,她对丈夫说:"我偷偷买了十万元的基金,现在大跌,要不我们赔点钱,把钱拿出来吧!"

冯先生虽然吃了一惊,但第二天还是去咨询了自己的朋友们,朋友们都劝他再等等。果不其然,一个月后,基金反弹,经过两年的上涨,已经跻身到五元基金之列了,冯太太的投资率是百分之五百。

看到妻子的成绩,冯先生把赚到的钱都交到妻子手中,并且鼓励妻子大胆投资,哪怕失败了还有他的实业作为后盾。冯太太日益熟练,把家庭剩余的资金配置到了不同类型的股票、基金中。用她的话说就是:"这个市场是东家不涨西家涨,我多买些不同类型的股票、基金,总会有收益的。"

天下"财"经

故事中冯太太的最后一句话就展现了理财金三角的概念。

理财金三角,即金三角投资模型,是投资理财之前需要掌握的一个非常重要的法则,它提出要把投资理财进行"六、三、一"的组合,来确保投资理财的最佳受益,也就是经济学家常说的不要把鸡蛋放在同一个篮子里。

首先,要对家庭总的财务收入有个大概的了解和分析,看有多少是可以拿出来做投资的,然后将这些资金按比例分配为三个部分,即日常的生活支出、投资理财以及风险管理。

"理财"往往与"投资"并用,因为"理财"中有投资,"投资"中有理财

它是以大多数人步入社会工作一段时间后,把三十到四十岁的财务状况作为基础,运用保险行业的计算原理总结归纳出来的。

　　"六、三、一"的组合分配为:百分之六十的资金用于家庭的生活开销,同时包括子女的衣食住行、教育娱乐等,这在保障生活的同时也可以稳定持续地提高生活的质量;百分之三十的资金拿出来做理财和投资,短则三至五年,长则十年甚至更久的计划;百分之十的资金拿出来作为家庭的风险管理基金,无论是购买商业保险,还是留存应急,都是使生活更为有保障的方式。

财富名人堂

　　弗拉基米尔·波塔宁(Vladimir Potanin):男,2013 年《福布斯》全球亿万富豪排行榜上排名第五十八名,净资产一百四十三亿美元。俄罗斯人,从事有色金属业。他拥有诺里尔斯克镍业公司、俄罗斯最大的传媒集团专业传媒、电信垄断企业 Svyazinvest 等。2010 年,波塔宁成为第一位宣布将自己的财富转移给慈善机构而非子女的俄罗斯亿万富豪。

债券
邻居的阴谋

债券,是政府、工商企业以及金融机构等直接向社会筹措资金时,向投资者发行,承诺按一定利率支付利息并按时偿还本金的一种债权债务的凭证。

阿发和阿旺是邻居,阿发专门负责捕鱼,阿旺专门负责抓鸟,当阿发想吃鸟肉的时候,就用两条鱼换阿旺的四只鸟,他们经常这样交换。

有一天,阿发想吃鸟,但是自己又偷懒没有去捕鱼,就跟阿旺说:"我给你写张字据吧!回头我捕鱼的时候,再还给你。"

阿旺答应了,阿发找了一张树皮,在上面写上两条鱼交给阿旺,就拎着阿旺的四只鸟回家了。

尝到甜头的阿发第二天还是用这样的方法换了阿旺的四只鸟,日复一日,阿发写给阿旺的树皮越来越多,阿发就开始动起歪脑筋了:如果阿旺一直不来跟自己兑换实物,那自己就赚大了。

于是,阿发找到阿旺对他说:"现在我们之间的交易,你是处于顺差的阶段,顺差对你是有益的,你要保持下去。"阿旺一听也很高兴,就短时间内舍不得找阿发兑换鱼了。

后来,阿发娶了媳妇,四只鸟渐渐不够吃了,他开始每天向阿旺兑换六只鸟,并且写下"三条鱼"的字据。

阿旺每天抓的鸟的数量是固定的,每天也只能抓八只,之前被阿发借走四只,家里勉强够吃;现在每天被借走六只,阿旺自己家里人就经常饿得饥肠辘辘。但是,阿旺也不灰心,他一想到自己将来可以去阿发家兑换很多很多的鱼,足够自己养老了,就还是觉得现在的饥饿是值得的。

又过了一段时间,阿旺发现阿发给他的树皮有一部分被虫咬了,就打算去阿发家兑换一些鱼过来。他到了阿发家,阿发痛心疾首地说:"你这些都是宝贵的财富啊!你怎么舍得兑换呢?"他指着自己屋里一堆堆的鸟肉干说:"你放心留着这些钱吧!我有的是财富,你还怕我不还你?"

阿旺刚想说什么,阿发就堵住他的话说:"既然给你的树皮都被虫蛀了,我也不好意思欠你的。这样吧！我写张欠条给你，金额写大一点，也算是偿还你的利息了。"

阿旺拿着一张高额的欠条回家了，心里美滋滋的，为自己得到了利息而满意。

有一天，阿旺躺在床上突然醒悟了："阿发这个家伙，每天吃我的喝我的，过得比我好多了，我得到的只不过是一些没用的树皮，他还千方百计不让我兑换实物。我以后不跟他交易了，还是赶紧用这些树皮把鱼兑换回来吧！"

第二天一早，阿旺敲响阿发的房门，要求将之前的树皮都兑换掉，并且再也不跟他交易。阿发摆出一副流氓姿态："你要是不跟我交易，我要是饿死了，你之前的这些树皮就再也要不回来了。"

这事虽然过去了，但阿发心里一直不踏实，晚上和妻子商量，两人嘀咕了半天，终于想出了一个办法来。

阿旺在家吃饭，突然听到邻居阿发和媳妇吵架。

阿发的媳妇说："你欠这么多的钱，我们拿什么去还啊？我还是上吊去算了。"

阿发大喊说："你还说我，你每天就知道涂脂抹粉的，让你合理开支你也不会。你看看人家阿旺的媳妇，多会持家，家里的钱多得都发霉了。娶了你这样的女人，我还是去上吊吧！"

阿旺听到这话，对妻子说："他们太可怜了，肯定不好意思来借帐了，我们还有一只鸟，给他们送去吧！"阿旺妻子也怕他们两人真的死了，连连点头。

于是，阿旺和妻子抱着自己家里仅剩的一只鸟到了阿发家："给你们应应急吧！"然后在阿发夫妻俩的道谢中走了。

他们走后，阿发两口子乐翻了："这样的笨蛋，他们穷死都是活该！"

天下"财"经

如果把故事中的阿发和阿旺看作是两个国家，阿发给阿旺的树皮就相当于是债券的一种。

债券的发行人就是债务人，而购买者就是债权人，债券购买者与发行者之间是债权债务的关系。债券主要包含一些基本的要素，也就是发行债券时标明的债权人与债务人之间权利义务的一些书面约定，这是必须明确提出的，包括：债券的面值、发行人的名称、偿还的期限、付利息的期限、票面的利率五个重要方面。而债券作为债权债务的凭证，和证券一样，都是虚拟资本的一种，具有偿还性、流通性、安全性和收益性四个金融特征。

债券作为一种筹资的金融方法，自然也有利弊存在，其优点是：筹集的资金是长期资金;筹资的金额很大而且范围很广;资本的成本比较低;利息是固定费用,可以平衡财务。而其缺点是:限制比较多,在资金的使用上比较死板;财务风险相对比较大。

财富名人堂

苏珊娜·克拉腾(Susanne Klatten):女,2013年《福布斯》全球亿万富豪排行榜上排名第五十八名,净资产一百四十三亿美元。德国人,从事汽车整车、化学制药业。她从已故的父亲赫伯特·科万特手中继承了汽车制造商宝马公司的部分股份。克拉腾是一位训练有素的经济学家,她还掌控着化工品制造商阿尔塔纳制药公司。

股票

交易所里的女人们

股票是"股份证书"的简称,是股份公司为筹集资金而发行给股东作为持股凭证并借以取得股息和红利的一种有价证券。

在人类的历史中,有那么一段时间,女人是靠男人养活的。男人有力量,他们可以赚来大把大把的钱,却只分给女人一点点。

经济基础决定上层建筑,男人们成了施舍者,就对被施舍的女人开始趾高气扬了。

这件事被上帝看到了,上帝就说:"这样是不公平的,我要给女人一个机会,让她们开个股市。"

股市刚开始的时候,是男人的天下。男人们在这里吸烟、看曲线图,整个交易所里都是黑、灰、蓝的冷色调。

后来有一天,交易所中多了一些缤纷的色彩,一些女人怯生生地走了进来。

男人们鄙视地说:"你们来这里做什么? 打毛衣吗? 你们懂经济理论、财经知识和数据分析吗?"

女人们摇摇头,但还是坚定地坐了下来。

从女人们进来之后,股市开始暴跌,跌了几天,初见涨势时,男人们就疯狂地购买,还没学会的女人们只能傻傻地看着。

过了一天,股市就开始暴涨了,男人们都很高兴,然后这兴奋劲没有维持多久,因为股市又跌了,而且跌得比之前还惨,一些男人甚至开始"割肉"了。

一直围观的女人们这时候出手了,她们在休息室里聊天时都掩饰不住地幸灾乐祸:"那些男人们老说自己厉害,结果我们买的比他们还要低呢!"

但是,股市还是持续走跌。男人们开始看女人们的笑话了,他们自信满满地等着股市跌到谷底。而女人们呢? 反正钱已经投进去了,索性一直放在那里。

又过了一段时间,股市反弹了,而且一路看涨,男人们没有动手,还在等待。按照他们的经验,这股市一定会再次跌到谷底的,但是这次他们判断错了。

股市在上一次的调整后,变得像疯牛一样,一个劲地往上涨。男人们着急了,不得不把股票重新买回来。

股市一片飘红，男人们都沸腾了，人生能有几次这样的机会？他们把自己的钱都投了进去，有的甚至连准备结婚的房子都卖了来炒股。然而，一直在股市里打毛衣的女人们却停下了打毛衣的手。这样的机会，怎么可能？辛辛苦苦多少年也没赚这么多的钱。人家都说股票能换钱，我们把它们取出来看看是不是真的。

　　股票开始下跌了，但男人们不信股票会一直跌，于是他们选择等待，但是股票一直跌，他们就这样亲手把钱都送给了女人们——她们正忙着卖股票换钱。

　　男人们不明白，就问上帝为什么他们会输。

　　上帝只回答了两个字："贪婪。"

天下"财"经

　　股票是"股份证书"的简称，是股份公司为筹集资金而发行给股东作为持股凭证并借以取得股息和红利的一种有价证券，代表其持有者，也就是股东对股份公司的所有权，每一只股票代表的公司所有权都是相等的，只是每个股东持有的公司所有权比例的大小不同而已，使用的权力也不同。

　　股票主要有五大特点：第一是不返还性，股票的持有者获得的收入是股息，股息的多少甚至有无都取决于股份公司是否有这样的设置，因此，尽管股票是一种有价证券，但并不代表实际的资本，股东可以通过转让、买卖或者抵押来获取资金，但并不能要求股份公司返还其最初所出的资金。第二是风险性，如前所述，购买股票实际上是一种风险投资，并不能确保资金的回收。第三是流通性，即股票可

美国纽约股票交易所

以在证券市场自由转让买卖以流通。第四是收益性，若是股份公司的效益好，股东可以获得很好的股息。第五是参与权，股东可以按照所占股份的比例大小行使在股份公司的特定权利，即参与股东大会，或者推选公司董事会等。

　　选择在股市中投资的人切忌像故事中的男人那样，要学会止盈，才能走得更远。

基金
擦鞋匠进入基金市场

基金,顾名思义,是为了某种特定的目的而设立的具有数额的资金。

1929 年,经济恐慌之前的美国,基金市场呈现出如日中天的景象,几乎每个人都投身到基金市场之中,他们都是信心满满地以高价买入基金,再以更高价卖出。在这场全民参与的"赌局"中,涌现出了很多富豪,华尔街遍地都是因为基金而一夜暴富的人。

值得注意的是,交易所买卖基金的人以及交易所中的基金交易员每天都有一个习惯,他们喜欢在中午用过餐后,到交易所门口的鞋匠铺擦鞋。因为市场太热门了,他们在擦鞋的时候,都在谈论基金,日子久了,擦鞋匠就有点坐不住了。

这天,刚好出现了一个新基金,交易员们都在谈论,鞋匠在给他们擦鞋的空档,忍不住问:"现在的基金市场到底是什么样子?"

其中一个交易员说:"当然是异常热门,傻子进来都能赚钱。"

"那你们刚才在说的那个基金是怎么回事?"擦鞋匠按捺住心里的狂热,继续打听说。

"它啊!"交易员回答道,"是一个新发行的基金,现在人们几乎都在追捧它,我自己也买了很多。"

"那能赚多少钱呢?"

交易员想了一下:"这么说吧!比如你花一美元买了这个基金,如果它涨到五美元,你的本钱就翻了五倍;如果它涨到十美元,你的本钱就翻了十倍;如果它涨到了一百美元,那么你投入多少钱,只要乘以一百就能算出你的收益了。"

这么高的收益,擦鞋匠更坐不住了,他问交易员:"那怎么买卖基金呢?"

"这还不简单。"交易员指指交易所,"你每天都在这里摆摊,还没看到大家是怎么买的吗?你只要走进去给自己开个账户,再往账户里存钱,让交易员帮你买那个基金就可以等着收钱了。"

给交易员擦完鞋后,擦鞋匠匆匆忙忙地收摊了。他拿着自己的积蓄走进交易所,对接待他的交易员说:"我不会写字,能开户吗?"

交易员无奈："名字你总会写吧？"

"会的，会的。"擦鞋匠连忙说。

交易员填好数据，给擦鞋匠开了账户，又把他毕生积蓄五千美元放入账户内买了大家热议的基金。

从这之后，擦鞋匠也不擦鞋了，每天和那些大户一样，端坐在交易所里看基金的涨势。但实际上，这时候已经是基金泡沫的高峰了，在擦鞋匠进入后的第三天，基金市场就开始急转直下，不到两周的时间，擦鞋匠的积蓄就全部都消失了。

1929 年 10 月 29 日，华尔街股市大跌，引发美国经济危机。图为聚集在证券交易所门前的人群。

这个故事传开来，人们就将这种现象称为"擦鞋匠理论"，意思就是当人人都在谈论基金的时候，往往就是一个市场泡沫即将破灭的时候。

当年最大的庄家之一，美国总统肯尼迪的父亲就是因为听说擦鞋匠也进入到了基金市场时毅然抛售了基金，避免了一次大的损失。

🪙 天下"财"经

基金不仅可以投资证券，也可以投资企业或者项目，与其他投资方式相比，证券投资基金具有五个显著的特点：

一、可以做到组合投资，分散了投资风险。

二、可以独立托管，保障投资安全。

三、可以严格监管，信息完全透明。

四、可以集合理财，并由专业人员管理。

五、可以与众多投资者利益共享，同担风险。

根据不同的标准，证券投资基金也可以划分为不同的种类，例如，根据投资风险和收益的不同，可以分为成长型基金、收入型基金和平衡型基金；根据是否可以增加或者赎回基金规模的不同,可以分为开放式基金和封闭式基金;根据投资对象不同,可分为期货基金、债券基金、股票基金、货币市场基金等;根据组织形态不同,可以分为契约型基金和公司型基金。

财富名人堂

　　安德烈·梅尔尼琴科(Andrey Melnichenko):男,2013年《福布斯》全球亿万富豪排行榜上排名第五十六名,净资产一百四十四亿美元。俄罗斯人,从事煤炭开采、化学制品、化肥业。掌握俄罗斯最大的独立煤炭企业西伯利亚煤炭能源公司百分之七十五的股份。他还拥有一艘价值三亿五千万美元的大型游艇。

美女经济
裁缝店老板的营销手法

美女经济,是通过美女的资源来吸引公众的注意力,从而达到财富创造和分配的一种经济活动。

相传,在古印度有一个叫作摩客密的大财主,他虽然本人长得不怎么样,但他的七个女儿却是如花似玉。七个女儿让摩客密觉得骄傲,一旦有机会就会让女儿们到处展示一番,尤其是家里来了客人的时候,摩客密必定让美丽的女儿们穿着华美的衣服出来秀一秀。

摩客密女儿们的美貌也传到了邻国,有一天,一位自称是来自邻国的裁缝到摩客密家里造访。他对财主摩客密说:"我听说你的女儿们都很美丽,但是我猜想,作为一名裁缝,她们绝对没有我做出的衣服美丽。"

摩客密很生气,愤怒地对裁缝说:"从我家滚出去,凡是侮辱我女儿们美貌的人,就是和我作对的人,我家不欢迎你!"

邻国的裁缝面对摩客密的盛怒,一点也不生气,只是微笑地对摩客密说:"如果你真的对自己的女儿有信心,那我们来打个赌,你带女儿们来我的店里做衣服,我会亲手缝制美丽的衣服给她们。但是她们必须在我的店里现场展示,如果观看展示的人们都觉得你的女儿是美丽的,我就输给你五百个金币。"

摩客密是位财主,他知道这笔交易自己赢定了,就答应了裁缝的要求,约好第二天就到裁缝的店里试穿衣服。

裁缝连夜赶出七套华丽的服饰,第二天一大早就站在自家的店门口,等着摩客密带着他的七个女儿来试穿衣服。

摩客密准时带着女儿们来了,当七位美女穿上美丽的衣服后,围观的人们都惊讶极了。在裁缝华服的装饰下,七位美女显得更加风华绝代了。

短暂的静默之后,人群中发出啧啧的赞叹声,有人称赞女孩们的美丽,有人称赞衣服的精美,一时间,裁缝店成了热闹的议论场。

得到人们的认同和赞赏,摩客密得意极了,可是当他用挑衅的目光望向裁缝时,却发现输了钱的裁缝一脸喜色。

摩客密觉得事有蹊跷,但带着七个美貌的女儿,他也不敢在外面过久逗留,当天就带着女儿们回到家中。

几天后，摩客密派人打探裁缝的情况，终于知道了裁缝输钱不难过的原因。原来，在打赌之后，裁缝店的生意好得出奇，由于摩客密的女儿们展示衣服的效果，人人都来找这个裁缝缝制衣服，从那天起裁缝所卖的衣服从每件一个金币上涨到三个金币，输给摩客密的钱早就赚回来了。

天下"财"经

在当今社会，美女经济已经是非常普及的一种市场经济活动，甚至有些学者提出"美女经济是人类文明的使者"。因为人类对美的追求是永无止境的，社会越进步，对美女经济的需求也会越强烈。

美女经济的形式主要有：请美女来代言，尤其有名气的美女是首选，高昂的广告费，独特的广告创意，带给厂商的是无数的财富；美女模特儿，世界著名的服装、汽车、奢侈品品牌尽管已经拥有很多财富和受众，依然会选择美女经济的方式来让大众对品牌保持高度关注；除了商业场合外，甚至在一些政治领域，也有美女经济的渗透。

当然，在大量经济效益产生的同时，也会有其负面的影响，会传递错误或有歧义的信息给受众。在社会的不断进步以及对市场行为的不断规范下，美女经济得以真正健康有序地发展。

财富名人堂

菲尔·奈特(Phil Knight)：男，2013 年《福布斯》全球亿万富豪排行榜上排名第五十六名，净资产一百四十四亿美元。美国人，从事零售、纺织服装业。NIKE 传奇领袖，是财富五百强公司里最古怪的领导人之一。他曾是长跑运动员，后以一千美元起家缔造了百亿美元的体育王国。

保险

船上的正能量

❖━━━━━━━━━━━━━━━━━❖

保险，是一种保障机制，是一种减少意外事故损失以及对资产进行风险管理的有效方法，也是一种分散风险的经济补偿制度。

约公元前 1000 年，地中海是东西方贸易的重要交通要道，来往的商船几乎都要从这里经过。

有一天，海上电闪雷鸣、风雨交加，一艘载满各种货物的商船在波涛汹涌的大海上时浮时沉。

那时候的商人几乎都是亲自跟货的，有的商人看着海上的风暴，不禁担心起商船的安全性，他问船长："我们的船不会出什么问题吧？"

船长自信满满地说："这是最好的商船，你就把心放到肚子里吧！你跟你们的货都没有问题。"

虽然还是不太放心，但毕竟得到了船长的亲口保证，心存疑惑的商人退回到自己的房间里。

打发走商人后，船长登上甲板察看大海的情况，说实话，他从事航海这么多年，从来没有看到过这么大的浪。虽然安慰商人说船一定没事，但自己的船到底有没有问题，他也说不好。

狂风巨浪越来越猛烈，船长察觉出不妙，命令所有人到会客厅集合。

在所有的商人来到会客厅后，船长沉重地对大家说："这艘船随时都有翻覆的可能性，我们必须做出决定。"

众人立刻哗然："你不是说船没问题吗？"

"大家做个决定吧！"船长不理会众人的慌乱，镇定地说，"现在想要保命的话，需要把货物扔到大海里去。"

"什么？扔掉货物？"有人尖叫起来，"那是我全部的身家，你说得倒是轻松。"

这艘商船装载的货物比以往每次都要多，把钱都往海里扔，谁都不乐意。

"不扔掉货物也可以。"看众人安静听自己的话，船长冷冷地问，"钱重要还是自己的命重要？"

众人都不说话了,是啊!有再多的钱,没了命又有什么意义呢?"扔掉货物,命保住了,但是回家破产了,还是一样要去死。"有人说,"再说,那么多的货物,扔谁的?"

这确实是个问题,众人七嘴八舌也没争论出结果。

这时,人群中有个尖细的声音响起:"我有个办法。"

众人向声音的方向看去,一个瘦小的身影进入到大家的视野中。原来是船长的女儿,可能从来没有这么多人同时注视过自己,她的脸一下子红了。

"说吧!你有什么办法?"船长说。

"我们不分是谁的货物,只是往下扔,以减轻船只的重量。等到了终点,再进行盘点,为了公平起见,损失由所有的货主共同分担。"大家都觉得这个办法不错,就将船舱中最靠近甲板的货物扔进了大海。

重量变轻了,商船终于逃过一劫。

💰 天下"财"经

故事中"人人为我,我为人人"的共同承担风险损失的办法,就是近代保险的萌芽。

英国是世界上保险业较为发达的国家之一。早在1568年12月,伦敦就准许设立专门从事海上保险交易的市场——皇家交易所。本图是十九世纪中期的一幅油画,展现出伦敦皇家交易所前的繁忙景象。

保险主要包括商业保险和政策性保险,政策性保险通常是国家政府层面所设定的保险类别,具有社会福利的性质甚至有的带有一定的强制性;而与经济领域相关的通常是指商业保险和保险投资,属于个人自主选择的投资理财产品,包括人身保险、财产保险、信用保险、责任保险等。

在进行保险投资理财选择时,要注意考虑几个方面,第一个是否安全,资金的运作最重要的是安全,所以最好分散投资以减少风险;第二个是要选择保障收益的保险类型;第三个是遵循资金的流动性原则,在安全基础上灵活设计以达到资产保值增值的目的;第四个是在选择保险项目时,首先分析自己的需求,量力而行,选择合理的搭配组合,这样既能获得全面的保障,又可以规避风险,合理利用资金。

财富名人堂

瓦吉特·阿列克佩罗夫(Vagit Alekperov):男,2013年《福布斯》全球亿万富豪排行榜上排名第五十五名,净资产一百四十八亿美元。俄罗斯人,从事石油开采业,卢克石油公司的领导人。该公司是俄罗斯最大的独立能源企业。他曾是里海石油钻井工人,后来成为苏联石油工业部副部长。1991年,他拿下了三个大型国有油田,并创立了卢克石油公司。

热钱
为总统呐喊的小丑

热钱,是一种短期资金,主要是投机盈利,以最低风险追求最高报酬,并在国际金融市场迅速流动的短期投机性资金。为英语 hotmoney 的义译。通常为追求汇率变动利益的投机性行为,易增加外汇市场的不稳定性。或称为"逃避资本"、"游资"。

在 1848 年的总统选举中,有一个小丑大放异彩。

这一年,泰勒先生准备参与总统竞选,但要用什么样的办法吸引民众的注意力,却是一个让人头痛的问题。

智囊团想了很多个办法,都被泰勒先生拒绝了,原因是他们的办法已经被用过很多次了,早就已经不是吸引民众的最好办法了。

这天,泰勒先生正在自己的办公室里冥思苦想,他的秘书通知他说,有一位先生非要见他不可,说有办法可以帮他赢得民众的选票。

"什么人?"泰勒先生不经意地说,这样的人太多了,他们谎报能给自己出主意,可往往最后都是为了向他要钱而已。

"他说自己叫赖斯,他的职业⋯⋯"秘书犹豫了一下,还是说出实情,"他的职业是马戏团的小丑。"

"马戏团的小丑?"泰勒先生无奈地笑了,"这年头,还真是什么人都想来我这里捞一笔啊!"

"可是⋯⋯"秘书欲言又止。

"有话直说。"泰勒先生对自己的秘书还是比较坦诚的。

"他好像很有办法的样子,还带了一叠设计图来。他让我带句话,说他不是想要您的钱,只是想跟着您转行而已。"

"一个小丑想做政客?"泰勒先生说,"你认为可行性有多大?"秘书笑了:"泰勒先生,我会处理好的。"

秘书关门出去了,泰勒先生继续思考。

几分钟后,泰勒先生办公室的门被忽然推开了,一个身形矮小的人冲进来,出现在泰勒先生面前,他的秘书正一脸抱歉地看着他。泰勒先生示意秘书出去,请来客坐下。

来客倒也不客气,大摇大摆地走进来,把自己手里的图纸放到泰勒先生面前,然后自信地在泰勒先生对面坐下来。

泰勒先生拿起图纸,那上面画着几辆色彩斑斓的车。

"这是?"泰勒先生疑惑地问。

"这个我取名叫作花车,供您拉选票时使用。"小丑站起身来,为泰勒先生讲解,"这花车上会挂上您的头像,会布置上鲜花,只要人们愿意,人们可以登上花车为您呐喊。"

这个办法不错。泰勒先生眼睛一亮:"你是个人才,这件事情就交给你去做了,赖斯先生。"

"好!"小丑也很高兴自己能转行做点别的事情。

竞选宣传开始后,挂有泰勒先生头像的花车在美国各个街头游行,每个车上都有乐队现场表演。只要人们愿意,还可以跳上花车,不用走路。泰勒先生很快就凭借这个方法赢得了大量选票,而花车也在那之后成为总统竞选不可缺少的一部分。

从此,出现了一个新术语——乐队花车效应。

🪙 天下"财"经

乐队花车效应也是从众效应,这种效应在资本市场中被称为热钱羊群效应。在证券交易市场中,热钱羊群效应可以使某个证券短时间内被拉升至一个不合理的高度,而这些在短时间内推动证券大幅上涨的资本,就是热钱。

热钱所炒作的对象不仅包括股票、黄金、期货、货币、房产,甚至还会炒作农产品,例如红豆、绿豆、大蒜等。国际商业词典对热钱的定义是:"迅速移向能提供更好回报的任何国家的流动性极高的短期资本。"如果用数学公式直观表达则是:"国家(或地区)的外汇储备增加量—外商直接投资金额—贸易顺差金额=热钱。"

游行中的花车

热钱的产生由多种因素造成,尤其是在金融市场全球化以及国际性投资快速扩张的时代,而它也具有非常鲜明的特征:高收益高风险、高流动性、短期性、高敏感性、高投机性及虚拟性。尤其是其虚拟性和高投机性,实际上是造成了一种经济繁荣的虚假景象,影响了货币政策的正常进行,扰乱了金融秩序,对国家经济有很大的危害。

财富名人堂

弗朗索瓦·皮诺特(Francois Pinault):男,2013年《福布斯》全球亿万富豪排行榜上排名第五十三名,净资产一百五十亿美元。法国人,从事零售业。他是法国第三大富豪,PPR集团的大股东,该集团旗下拥有GUCCI、伊夫·圣罗兰等十多个服装、饰品、珠宝、皮具、手表、化妆品和香水品牌。

税收
一张税票的悲剧

税收,是指国家政府按照法律的规定,对个人或者组织无偿地征收实物或者货币的总称。

税务局新来了一个小姑娘,所有单身的男士都沸腾了,这个小姑娘有双黑白分明的大眼睛,皮肤白皙,非常的漂亮。

但相处几天下来,单身男士们多少都有点畏惧这个叫作赵琳琳的小姑娘。她虽然看起来柔弱,性格却很泼辣,男人们不敢去收的税务"困难户"她都敢自己一个人去。

这天,局里的家耀从市场回来,气急败坏地说:"这个刘嫂,每次去跟她收税,都像要她的命一样。"

"刘嫂是什么人?"赵琳琳好奇地问。

"一个炸油条的,都两年没缴税了。"家耀闷声说。

"我去!"赵琳琳初生牛犊不怕虎的劲头又上来了。

家耀急忙阻拦:"你一个小姑娘去,还不把你生吃活剥了?"

"我去试试!"赵琳琳不信邪,坚持要去试试。

家耀见阻止不了,也就任她去了,临走前还不忘嘱咐她道:"万一她不给,你就回来,千万别跟她硬碰硬。"

赵琳琳笑着摇摇手,就到市场去了。

这个刘嫂确实难"攻克",赵琳琳去了八次都没结果,每次苦口婆心地劝说,都会得到一顿言词下流的恶骂。第九次,赵琳琳出现在刘嫂的店铺前,对刘嫂说:"税是每个公民都必须缴纳的,如果大家都像您一样,那国家哪有钱来建设公共设施,让我们生活得更美好呢?"

刘嫂和前八次不一样,不管赵琳琳怎么说都不吭声。赵琳琳没办法了,当着刘嫂的面把税票开出了:"这是您的税票,您要是没钱,我先帮您垫上,等以后您手头宽裕了,再还给我,不急。"

赵琳琳笑盈盈地等着刘嫂接票,刘嫂却一转身,端起火上的油锅就往赵琳琳身上泼去。

随着一个尖叫，赵琳琳昏了过去。

三天后，赵琳琳苏醒过来，她醒过来的第一句话是："把镜子拿给我！"

听到这话，病房里的人都忍不住流下了眼泪。

天下"财"经

各国的税收政策以及税收制度都具有不同的特点，但总体的基本特征有三个，这三个特性集中展现了税收的权威性：第一是税收的强制性，为了增加国家的财政收入，每个国家都制定不同类别的税款加以征收，并且都是强制执行，也就是说，作为国家的公民，是有必须缴纳税款的义务的；第二是税收的无偿性，国家所征缴的税款都是无偿征缴，一旦纳税人上缴了实物或者货币，就归国家所有不会偿还；第三是税收的固定性，在国家制定税收政策时，会以法律的形式规范好一定的比例和期限，对所有个人及组织都是一视同仁，在一定程度上维持其公平性。

税收的种类多种多样，按照不同的依据划分为不同的税项，设立税收政策及建立税收制度必须要满足几个基本的原则，即税收的适度原则、税收的效率原则、税收的公平原则以及税收的法治原则。

财富名人堂

保罗·艾伦（Paul Allen）：男，2013 年《福布斯》全球亿万富豪排行榜上排名第五十三名，净资产一百五十亿美元。美国人，从事计算机应用、投资业。与比尔·盖茨创立了微软公司的前身。现任 Vulcan Inc. 的创始人和主席。同时他是 Charter Communications 主席，梦工厂股东，还拥有 NFL 的西雅图海鹰队和 NBA 的波特兰开拓者队。

避税
节省下来的两百四十万

避税，是指纳税人和纳税的经济组织体利用税法上的漏洞，做适当的财务调整或税收计划，在不违反税法的前提下，达到减轻或解除税负的目的。

陈志超去一家公司参加面试，面试官问了一个特别实际的问题："假设有一家在今年一月成立的十人左右的管理咨询公司，我们预估年度销售额为一千万元，作为财务经理，你有什么办法可以做到合理避税，又不违反税法规定吗？"

这个问题已经难倒了陈志超之前的面试者，但是陈志超一点也不担心，他早就熟透税法，再加上在校期间，老师就评价说，善于筹划是陈志超的优点。这两者加起来，陈志超完全相信自己能够解开这个谜题。

陈志超逻辑性很强，他首先跟面试官分析说："如果一家管理咨询公司的年度销售额为一千万元，按照正常情况应该缴纳营业税、所得税八十万至一百万元左右。"

"没错。"面试官应和陈志超的说法，"你如果应征上这家公司的财务经理，你会怎么做以达到合理避税的效果？"

陈志超自信地说："如果我是这家公司的财务经理，我可以让公司不缴一分税款。"

"怎么做呢？"面试官明显来了兴趣。

看到引起了面试官的谈话兴趣，陈志超也觉得松了一口气，他有条不紊地说："我会安排失业人员加入公司。"

"安排失业人员做什么？"面试官俨然已经知道陈志超的意图，但还是想让他自己论述清楚。

"今年国家制定了一条政策，新办的服务型企业，安排失业人员达到百分之三十的，可以免三年营业税和所得税。这家公司属于服务型企业，公司只有十个人，只要安排三个失业人员，每年就可以省下最少八十万的税款。"

"这是唯一的办法吗？"面试官明显还想知道更多的办法。

陈志超想了想："还有个办法，也是人员安排方面的问题。国家有规定，兴办的私营企业安排退役士官达到百分之三十的，可以免三年营业税和所得税。这家公司完全可以招一个退役的男兵开车,招两个女兵做秘书和客服人员。这些人并不是公司的核心管理人员,对公司的影响并不大。"

"说得很好!"面试官满意地鼓掌说,"很多公司都是在出事的时候,才会考虑如何'灭火',而不是提前安排'防火工具',你有筹划的能力,恭喜你,你被录取了!"

💰 天下"财"经

避税和逃税有本质的不同,通常避税是全世界都普遍存在的问题,毫无疑问会造成国家财政收入的直接损失,也破坏了公平、合理的税收原则,但避税只是属于违规操作,而逃税是恶意的逃避税收,直接违反了税法,严重的可构成犯罪。

避税所产生的原因主要有四个:第一是因为各国各地都要吸引外来的投资以加快经济发展,增加财政收入,于是给出了许多税收的优惠政策甚至擦边球的提示,为很多企业避税提供了有利的条件;第二是由于税收的法律、法规本身就存在一些漏洞,总会被有心人利用;第三是由于利益的驱动,纳税人可以节省大量成本,从而实现自我利益的最大化;最后,由于各地征税方法上有很大的不同,造成征税的不公平现象,也为一些企业避税提供了契机。

财富名人堂

维克多·维克塞尔伯格(Viktor Vekselberg):男,2013年《福布斯》全球亿万富豪排行榜上排名第五十二名,净资产一百五十一亿美元。俄罗斯人,从事石油开采、有色金属业。雷诺阿集团公司的所有人,2007年与其铝业公司 SUAL 合并,成为 UC Rusal 公司——世界上最大的铝业集团的共同所有人。

她经济
厕所带来的市场

"她经济",是围绕女性理财、消费而形成的具有女性特点的经济现象。

俗话说,一山不容二虎,对同在一条街道上的两家商场来说,更是如此。

时代商场和蔚蓝商场都是超级商场,售卖的商品从袜子到大型家电无所不有。它们本身就存在着很大的竞争关系,尤其这两家商场还同在一条街道上。

两家商场都在想办法,但谁也无法从根本上压倒另一家。

时代商场在某次高层会议上再次提出这个问题,各个高层一筹莫展,这时,其中一位高层主管提出:"我们不妨在全公司进行一次有奖征集,谁有好的主意能打倒蔚蓝商场,并且获得了好的成绩,董事会就奖励十万美元。"

"十万美元是不是有点多?"提议的主管话音刚落,就有人提出自己的意见。

"十万美元作为奖金确实是很多,但是如果我们能打败蔚蓝商场,最终获得的可是这个价位的不知道多少倍。"那位提议的主管反驳道。

举手表决后,大家同意采取征集创意的方法。

征集创意的邮件在内部发出,很快便收集了成千上万个主意,但几乎都是公司高层们已经尝试过的办法,没有什么建设性。就在征集活动的最后一天,一封邮件引起了甄选者的注意,他立即将这个创意呈递给公司的高层。

公司的高层看了之后,经过董事局商量,最终决定采纳。而经过一段时间的试验,这个方法的确将蔚蓝商场百分之五十的客户吸引到了时代商场,使时代商场的营业额在短时间内增加,而提供建议者本人也得到了十万美金的奖励。

这个方法说起来很简单,提供建议者说,她自己也是一位喜欢逛商场的女性,她在逛商场的时候发现一个很不方便的问题,那就是这两家商场里都没有厕所。

提供建议者同时表示,因为这个问题的困扰,热爱购物的她已经有半年之久没有消费了。她认为,在"她经济"时代,商场应该注重女性消费者的实际需求,毕竟她们才是为商场创造营业额的生力军。

💰 天下"财"经

近年来,随着女性社会地位的不断提升,新时代女性对消费的热衷和需求极为强烈,推动经济效益的效果也越来越明显。

据某市场研究机构的调查数据显示,"大约每三位企业高层管理者中就有一位是女性。"随着女性的社会地位、文化素质和消费能力的不断提升,女性群体也成为市场经济中逐渐壮大且不可小觑的重要消费群体,促使很多商家开始从女性视角来确定自己商品的消费定位。

企业在"她经济"的营销战略中,要注意市场定位一定要准确,要让营销的商品或服务贴合女性消费的要求,并为了适应现代女性消费的趋势而创新变化。对女性消费者来说,体验营销是非常有效的一种手法,这是心理学角度的结论。还有一种方式,在进行"她经济"的营销策划中,完全可以以现代女性来作为营销策划伙伴共同进行产品设计开发,这样更能真正贴近消费群体的思维方式和需求特点。

财富名人堂

史蒂夫·鲍尔默(Steve Ballmer):男,2013 年《福布斯》全球亿万富豪排行榜上排名第五十一名,净资产一百五十二亿美元。美国人,从事计算机应用业。自 2000 年起开始担任微软公司的首席执行官,是该公司的第三十名员工。全面负责微软的管理,包括实现微软的梦想,即通过优秀的软件,赋予人们在任何时间、任何地点和通过任何设备沟通和创造的能力。

假日经济

大商场的"反击"战

假日经济,是指通过人们在节日、假日时,集中购物消费的行为来拉动市场内需,促进经济增长的经济现象。

如今的"假日"已经不仅仅是假日,在众商家看来,它更是一场"经济舞台",谁能在这个舞台上唱得好,谁就获得了真正的"假日"。

祥鸟大厦就是把假日经济做到极致的商家,以元旦为例,一天的销售额就将近四百万元,较之往年同期增长百分之二十八,是近几年销售额最高的。

众所周知,现在的商场生意并不好做,特别是在大型超市和专卖店的竞争下,商场几乎门可罗雀,但就是在这样的环境下,祥鸟大厦还是获得了胜利,这与他们的假日销售策略是分不开的。

祥鸟大厦十分注重市场调查,比如说,在学生暑假期间,进行了市场调查研究、顾客流量及结构分析,从而掌握了一手资料。根据这些一手资料,他们将家电销售部重新规划装修,虽然暑假的销售期只有五十天,但他们做调查和准备的时间却有两个月之久,从而创造了暑假开始前四天就售出一千多台计算机的惊人成绩。这就是他们的第一策略——市场调查。

祥鸟大厦的第二策略是创造特色。在大量市场调查基础上,祥鸟大厦的管理层发现,某老牌冰箱已经在许多大商场绝迹了,但是这并不意味着它已经退出市场,恰恰相反,仍然有很多家庭在继续使用该品牌的冰箱,并且差不多都到了该更新的时候。于是祥鸟大厦推出折价以旧换新活动,销售额惊人,占该冰箱在全市总销售额的百分之二十八。

祥鸟大厦的第三策略是特色服务。比如说,针对假日经济,祥鸟大厦推出"在线服务+贴息贷款"的活动,大大方便了顾客,也让自己的销售额再创新高。

祥鸟大厦的第四策略是商家企业联手,将最大的利益转让给消费者。假日期间,仅某内衣的销售额每日就能达到十多万元。

在上述策略的基础上,祥鸟大厦还大打形象牌和提升随机应变能力,这就是他们的第五和第六假日销售策略。

在和超市、专卖店的竞争中,祥鸟大厦正是能够发挥大型百货商场的优势:服务好、信誉高、企业文化突出等，才让自己更具竞争力，更增加了自己的信誉度。

🪙 天下"财"经

假日经济的产生也是社会发展的必然结果，人们在收入水平大幅上升的同时，闲暇的自由时间也相对增多了，而市场上商品和服务的种类花样也越来越多，人们改变了传统的消费观念，由进行单纯的满足生存的物质消费，逐渐转为更加注重生活质量和精神领域的消费，也从而带动了大部分产业的发展。

在这些产业当中，特别具有假日经济特征的集中在休闲和旅游行业，从假日的人潮带动经济到物流、现金流的转移，大量的消费，甚至是越来越高层次的消费慢慢占据了主导地位。

财富名人堂

莱昂纳多·戴尔·维吉奥（Leonardo Del Vecchio）：男，2013年《福布斯》全球亿万富豪排行榜上排名第四十九名，净资产一百五十三亿美元。意大利人，从事零售业。在他七岁时其母亲因无法抚养家里的五个孩子而把他送到孤儿院，他是 Luxottica 集团创始人，该公司总部在意大利，同时拥有全球最庞大的眼镜零售网络之一。

信息不对称

东床快婿王羲之

信息不对称，是指由于一些人可以掌握另一些人无法掌握的信息而造成彼此间信息的不对等，拥有信息比较多的一方在市场经济活动中会有更多的优势。

晋朝时，有两个世家大族，一个是谢家，一个是王家。"旧时王谢堂前燕，飞入寻常百姓家"中提到的"王谢"就是指这两个家族，由此可见这两家的权势。

郗鉴也不差，在奉旨平乱成功后，成了东晋最有权势的武官。

郗鉴有个女儿，长得倾国倾城，他知道宰相王导的子弟有很多，就在一天下朝之后，向王导提及了为女儿选婿的事情。

能和郗鉴结亲，王导大喜："好啊！我王家子弟，只要你看上了，就是你的女婿！"郗鉴也很高兴，回到家就命人准备厚礼，打算择日登门拜访。

王家子弟得知坐镇京口（今扬州）的大将军郗鉴，派人来为他年轻貌美的女儿挑选如意郎君，都很激动，每个人都希望能被选上。这样既能娶到美丽的妻子，又能找到后台，有利于自己的事业发展。

为此，他们一个个都穿上了锦袍，束起了玉带，一手拿着拂尘，一手摇着羽扇。除外，还涂抹了不少水粉，使脸色看起来更加白皙红润。在丫鬟们给自己精心打扮后，他们才敢出来见人。

这场相亲大赛，郗鉴本人并没有参与，他派了自己最贴心的门客来。门客看到"花枝乱颤"的公子们，简直要挑花了眼，觉得哪个都好，但是哪个都不是那么让人感觉踏实。

他跟着王府的管家走到后堂，看见东墙的床上斜躺着一个年轻人，他和别人明显不同，别的公子都是装扮得风流倜傥，唯独他，不仅没装扮，还光着上身，一边看字帖，一边喝茶，嘴角还带着满足的微笑。

"这位公子是?"门客问。

"他是我家主人的侄子。"管家答道。

门客若有所思，又询问了一番情况后，就坐着轿子回府了。

"王家的公子们都怎么样啊?"郗鉴问。

"不乏人才。"门客说,"但是其中有一位公子很奇怪。"

郗鉴来了兴趣:"怎么个奇怪法?"

"别的公子都很重视这次相亲,唯独这位公子好像不甚在意。我看到他的时候,他正躺在床榻上,袒胸露乳,非常随意。"

"他仅仅是躺在那里,什么都不做?"

"不是,我临走的时候,故意到他身边绕了一圈,他边看字帖边用手指在炕桌上比划,连我跟他说话都听不见。"

东晋名士王羲之

郗鉴哈哈大笑起来:"这个年轻人好!随兴且不拘小节,胸怀坦荡又好学向上,我就要他做我女婿了,速速准备,我要亲自会会那个年轻人。"

第二天,郗鉴又派门客到王府去打探,得知那个青年叫作王羲之,人品甚好,颇有雅士之风。郗鉴大喜,就把女儿嫁给了王羲之。

表面看起来,王羲之似乎非常幸运,其实他的胜出不是意外。

和王家的公子们一样,王羲之也希望自己能被郗鉴选上。他那一年已经二十七岁了,算是年龄稍大的未婚青年。更何况,被郗鉴选上,相当于美人、事业双丰收。只不过王羲之比别的公子聪明的是,他早就知道郗鉴这次选女婿是想改变家风,不再让子孙后代重走他当年"用性命搏成功"的老路,希望能让自己的家风从儒学世家转变成玄学世家。所以,在别人精心打扮的时候,王羲之才反其道而行之,故意做出特立独行的姿态,以此来突显自己放荡不羁、率情任性的名士风范。

这场双赢的相亲面试,成就了一段"东床快婿"的佳话。

天下"财"经

信息不对称,让故事中的王羲之比别人对郗鉴多了解了一些,最后在相亲中胜出。

但是,信息不对称在市场经济中,会产生很多问题,比如道德风险的问题、逆向选择的出现和中间人的利益问题。

　　"信息不对称理论"是由约瑟夫·史迪格利兹、乔治·安可洛夫和迈克尔·史宾塞三位美国经济学家提出的。这个理论一经提出就受到了广泛关注,它揭示了信息在市场经济中的重要地位,也强调了政府在经济活动运行中所发挥的作用,并呼吁政府加强对市场经济的监督力度,减少不对称的信息量,从而使市场经济走向良性发展。同时,信息不对称理论指出了市场经济体系中的不足,在投资、就业、环保以及社会福利等方面,自由经济体制并不如预想中的那样促进市场经济的发展。

财富名人堂

　　迈克尔·戴尔(Michael Dell):男,2013年《福布斯》全球亿万富豪排行榜上排名第四十九名,净资产一百五十三亿美元。美国人,从事计算机应用业。出生于美国休斯敦的一个中产家庭,现任戴尔公司董事会主席。2013年2月,他与全球技术投资公司银湖合作收购戴尔,正式将其私有化,总价值两百四十四亿美元。

逆向选择

聪明的犹太老人

逆向选择是在信息不对称情况下，由于制度安排不合理而导致市场资源分配扭曲所产生的现象。

沙克是一个有犹太人血统的老人，他退休之后，在学校附近买了一间房子，一开始住得还蛮开心的，但几周之后，有三个年轻人开始在附近踢垃圾桶玩，每天制造无数的噪音。沙克觉得心烦，苦思之后想出了一个好办法。

他找到这三个年轻人，说："我已经是个老人了，喜欢看你们这么有活力地玩耍，只要你们踢垃圾桶，我可以每天付你们一元作为报酬。"

三个年轻人都很高兴，他们每天都会来踢垃圾桶。为了让沙克觉得一元物超所值，他们卖力地表现"足下功夫"，而沙克也会假装表现出非常享受的姿态来。

几天之后，三个年轻人来到约定的"表演"地点，在开始"表演"之前，沙克遗憾地对他们说："孩子们，不好意思，我给你们的表演费要减少了。"

"为什么?"三个年轻人大叫道。

"因为通货膨胀的原因，我的钱贬值了，不能负担自己的生活，所以用于娱乐的钱要减少。"

三个年轻人很不高兴，冷着脸问沙克："那你能付我们多少钱?"

"每天要减少一半，我只能付你们五毛钱了。"

"五毛钱?"三个年轻人虽然不满还是接受了，但是很明显，他们踢垃圾桶的积极性没有之前高了。

"表演"水平下降，沙克却很高兴，他知道自己的好生活要开始了。

又过了一周，沙克垂头丧气地来到三个年轻人面前。

"发生了什么事?"三个年轻人问，虽然这个老人减少了他们"薪金"，但他们还是很关心"老板"的。

"最近没有收到养老金支票，我也不知道发生了什么事情，现在的我坐吃山空，能付给你们的钱就得变得更少了。"沙克装作悲伤的表情说。

"那你还能支付多少?"三个年轻人问。

"两毛钱吧!"沙克犹豫地说。

"两毛钱?"三个年轻人生气了,"我们才不会为了区区两毛钱为你浪费时间表演呢! 我们不干了!"说完,三个年轻人头也不回地离开了。

🪙 天下"财"经

在经济学中,逆向选择有个清晰的定义是:"由交易双方信息不对称和市场价格下降产生的劣质品驱逐优质品,进而出现市场交易产品平均质量下降的现象。"现实生活中,逆向选择也是无处不在的,由于普遍存在社会信任的问题,当商家降低商品价格时,消费者因为担心商品可能会质量不保,也不一定会大量购买;而当商品价格提高时,生产者综合多方面考虑也不一定会增加生产。故事中三个年轻人就是被沙克降低价格的方法"打败"的。

为了减少逆向选择的情况出现,无论是消费者还是生产商都会通过一些方法来减少逆向选择的可能,尤其是最难掌控的网络产品的市场,这里就会出现一些盲点,比如:消费者用价格高低来判断质量不一定是准确的,或者生产商通过建立质量合格标准来减少逆向选择,实际上消费者对商品的要求并不是一种质量的标准就可以满足的,尤其是网络产品,这个方面更难掌控。而有效的可以减少网络市场逆向选择的方法有:捆绑销售、注意力销售或者网络中间商的介入,等等。

127

负利率
跑赢 CPI 的老婆婆

负利率,是指在物价指数 CPI 快速增长的情形下,银行的存款利率低于通货膨胀时的实际利率,表现为负值。

负利率时代,就连八十七岁的杨婆婆也要开始向年轻人学习理财了。

对老一代人来讲,有钱放到银行中,才是最保险的理财方法。杨婆婆也不例外,每月的退休薪水,除了正常的开销外,结余部分都会让儿子帮她存进到银行里。

但是,杨婆婆在这两年突然觉得钱不够用了。以前一百元可以买套很好的衣服,但是现在五百元也买不到一件好外套。更别说蔬菜、水果了,价格都在飞涨,再加上老人家年纪大了,难免日常会有磕碰,去趟医院几百元又没了。杨婆婆第一次觉得存在银行里的钱不值钱了,但是,除了把钱放进银行外,她也不知道该放哪里。

这一天,杨婆婆的一张十万元的定期存款到期了。她在家人的陪伴下去银行取回了这笔钱,但是加上利息,这笔钱只有十万三千两百五十元。杨婆婆咕哝说:"现在利息越来越低了,都不赚钱了。"

陪同的儿子随口说了句:"放在银行里当然不赚钱,而且还亏钱呢!"

"怎么是亏钱呢?"杨婆婆问,"我这里明明是多了三千二百五十元啊!"

儿子耐心解释说:"现在 CPI 增幅是 4.3%,而十万元一年定期存款利率是 3.25%,你的存款利息比不上 CPI 增长,就是亏钱了。"

"什么是 CPI?"杨婆婆问。

"CPI 就是消费者物价指数,是反映与居民生活有关的产品及劳务价格统计出来的物价变动指标,是衡量通货膨胀的指标之一。"

虽然杨婆婆还是听不懂什么叫做 CPI,但她明白了自己的钱能买的东西越来越少了,她紧张地问儿子:"我将来身体不好的话,花钱会越来越多,我存钱在银行也亏钱,我不是就要成'月光族'了?"

儿子哈哈大笑:"您真不简单,还知道'月光族'这个词汇!"

在儿子的推荐下,八十七岁的杨婆婆开始学习理财,她虽然没有参与过,但是对股票这个词还是不陌生,就将刚取出来的钱给儿子,让他帮自己炒股。

但儿子告诉她,炒股也是有风险的。经过解释,杨婆婆还是决定让儿子去投资股票,并和儿子订下了百分之二十的亏损底线。

除了股票,杨婆婆还了解了一些理财产品,她让儿子将自己的存款都买成了理财产品,在她看来,这些理财产品就是"高额定期存款"。

为了让自己更加懂得财经知识,杨婆婆还用心读书、看报,她对儿子说,不管如何,她都要跑赢CPI。

天下"财"经

负利率指的是在物价指数CPI快速增长的情形下,银行的存款利率低于通货膨胀时的实际利率,表现为负值,也就是说老百姓把钱存在银行里,结果发现财富不但没有增加,反而是随着物价上涨而贬值了。

在负利率产生的情况下,人们开始会从传统的储蓄转为将自己的财产通过各种理财投资的管道来保值和增值,比如购买股票、基金、期货、外汇、黄金及其他贵金属等。

负利率对于整个国家经济状况有很大的影响,首先最直接的影响就是国家金融机构的存款缩水严重,导致部分中低收入人群的财富慢慢蒸发,存钱不仅无法提高生活质量,反而变成了降低生活水平的累赘;其次,高收入人群由于具有一定的抗风险能力,不能看着自己的资产存在银行里慢慢蒸发,就大量选择了其他投资理财的管道,尤其是投资房地产,高房价归根结底就是负利率惹的祸;最后,负利率还会造成整个资产总额的泡沫经济。

虽然负利率对国家经济有重大的危害,但也有其有益之处,就是促进投资理财市场的发展壮大,尤其是股票、证券和基金的市场,也从另一个方面促进着整体经济的稳定增长。

财富名人堂

雷纳托·阿克梅托夫(Rinat Akhmetov):男,2013年《福布斯》全球亿万富豪排行榜上排名第四十七名,净资产一百五十四亿美元。乌克兰人,从事钢铁、煤炭开采业。出生在乌克兰的一个矿工家庭里,拥有金融、钢铁、煤炭多个产业,是乌克兰最有统治力的足球俱乐部"顿涅斯克矿工"的老板。

不可替代性
被抛弃的美男子

不可替代性,是指组织内的个体由于具有他人难以取代的才能,而在组织内处于非常重要的地位。

在卫国时期,美男子弥子瑕深受卫灵公的喜欢。卫灵公几乎什么事情都会迁就他,在他面前,完全没有一国之君应有的姿态。

有一次,弥子瑕的母亲突然生了重病,但是京城离他的家乡实在是相距甚远。弥子瑕一直惦记母亲的病情,就假传卫灵公的旨意,让车夫驾着卫灵公的车送他回家,帮母亲求医治病。在当时的卫国,没有国君的允许而私自征用国君的车驾,是要被砍掉双足的。但是卫灵公太爱弥子瑕了,大臣们要求严惩弥子瑕时,卫灵公做出感动的表情说:"这个弥子瑕啊,真是太有孝心了! 为了帮母亲及时治病,连被砍去双脚都不怕了。"听国君这么一说,大臣们谁都不敢再开口说要处置弥子瑕了。

还有一次,弥子瑕陪卫灵公到果园中游玩。当时正是蜜桃成熟时,弥子瑕看到满园熟透的蜜桃,忍不住伸手摘了一颗吃了起来。吃到一半才想起来国君还在身边,他也不客气,把吃剩的一半递给卫灵公。卫灵公丝毫不嫌弃是他吃剩的,反而高兴地说:"你真是最爱我的人,把这么好吃的蜜桃让给我吃!"

后来,随着弥子瑕的年纪越来越大,姿色也不如从前,卫灵公就有点讨厌他了,如果他有什么得罪卫灵公的地方,卫灵公都会大声责备他。

后来,有了新的男宠进宫,卫灵公就更加讨厌弥子瑕像以前那样对他撒娇了,他常对新宠们说:"这个弥子瑕,一直都是胆大包天。他过去竟然敢假传圣旨,用我的车子;后来,他还敢先吃桃子而不是先献给我,这些也都算了,他还把自己吃剩的桃子给我。现在可好,他都已经这么大年纪了,还是不识抬举地总冒犯我。"

对弥子瑕来说,卫灵公是他唯一的依靠,他这一生都把卫灵公当作最好的朋友、最亲密的爱人,在卫灵公面前无拘无束。但他忘了,卫灵公是一个以相貌取人且气量极小的小人。当弥子瑕不再受宠,但还像之前一样对待卫灵公时,卫灵公就难免会有怨言了。

后来,卫灵公随便找了个借口,要了弥子瑕的命。

卫灵公夫妻画像

💰 天下"财"经

不可替代性是指组织内的个体由于具有他人难以取代的才能,而在组织内处于非常重要的地位。对组织来说,替换需要付出比较大的成本和代价,从而让个体的职业稳定度大幅增加的一种衡量标准。其实,替代性不仅是物与物之间的选择,人与人之间也存在,尤其是在现代高速发展的企业当中,资源的稀缺造成了对于不可替代性的极大需求。

一个人在企业中能占多大的份量,受多大的重视,取决于其替代性的大小。故事中的弥子瑕之所以前后待遇相差甚多,就是因为他提供的服务是他的容貌,当他年轻美貌时,他是不可替代的;但当他容貌发生改变后,他的不可替代性也就消失了。

若想在企业内部具有较高的不可替代性,可以考虑从以下几个方面努力并成为更优秀的人才:可以成为某个专业领域的专家,专业技能越强,不可替代性越高;现在的社会需要跨界的人才,若是具有较高的跨领域的技能则会提高不可替代性;拥有很高的学习能力,迅速将所学知识转化为自己可实际操作并产生生产力的能力,也是现今提高不可替代性的有效方式;最后,在企业中,并不是只是技术领域可以提高,若是性格具有别人所没有的优势,或是极强的感召力、影响力,都是企业内不可替代性的首选。

新节俭主义
王阿姨的幸福生活

新节俭主义是一种成熟、理性的消费观念,是在不影响生活品质的前提下,用尽量少的钱来获取较多的愉悦和收获,这是一种在不缺钱的情况下主动选择的理性的"节俭"状态。

王阿姨经常对别人说一句话:"我从不忌讳人家说我节俭过度,我不觉得这是一件坏事,因为我有我的原则。"

王阿姨是一个很富有的老人,但她向来都是节俭的。每天出门,百货公司的"免费接送车"就是她理想的交通工具。她常对孩子们说:"我坐出租车或者搭乘地铁去女儿家,还不如坐百货公司的免费接送车,既可以省钱又能有座位,购完物顺便去女儿家,何乐而不为呢?"

不仅在交通方面,在衣、食、住、行等各个方面,王阿姨都秉持节俭的态度,她买东西都是看商场的特价标签,如果能找到批发地点或者直销点,她都会过去购买,省掉中间环节可以省很多钱。她还合理利用一些社会便利的设施,比如图书馆等,让很多花费都在中间环节省掉。

王阿姨的女儿经常对她唠叨说:"我们家又不是没有钱,你不必这么节省!"

王阿姨总是摇摇头:"我节俭总比你这些前吃后空,甚至靠信用卡过日子的'月光族'要好得多了。"

如果你认为王阿姨是抠门到家的老人,那就错了。她对朋友们都说,她做事虽然节俭,但是她是有原则的。第一点是她只省自己的钱,绝对不贪人家的便宜,她自己不会花钱去饭店里吃饭,但也不会无缘无故地找朋友请她吃饭;第二点是她绝对不省那些不应该省的地方,比如去喝喜酒或者拜年,她从来不会对别人吝啬;第三点是她从来不会把省钱看作是要动脑筋或者可悲的事,她把节俭看作是一件很有效率的事情,不是一味地不吃不买,而是有针对性地在部分方面进行省钱"大比拼"。

事实上,王阿姨的生活过得一点也不清苦,她住在一间两房两厅的房子里,有自己的舒适卧室和摆满书的书房,她家的日常打扫都由清洁人员来负责,晚上她会找几个邻居前来,一起喝茶聊天,她每月会购买报纸、书刊,知识面非常丰富,为了扩大自己的见识,她每年还会为自己安排一次旅行,日子不知道过得有多舒服。

天下"财"经

过去我们所理解的节俭,多是由于社会整体状态造成的供给不足,收入有限的情况下迫不得已的选择,而今天信奉"新节俭主义"的已经越来越以年轻人为主,他们学会了理性的思考,在倡导浪费可耻的年代,节俭成为快餐生活中一种积极健康的力量。

新节俭主义和传统意义的"旧节俭主义"的区别在于:是否降低生活质量,若是节俭后生活质量下降,内心愉悦的感受减少,就不如不节俭,而新节俭主义最重要的两条要素在于:

一、不能带来健康的风险,若是因为节俭影响了健康,就是绝对得不偿失的选择。

二、不要增加额外的支出,比如时间成本、精力成本等。只有这样才是真正花最少的钱获得最多的愉悦。

财富名人堂

郑裕彤:男,2013 年《福布斯》全球亿万富豪排行榜上排名第四十四名,净资产一百六十亿美元。中国香港人,全球华人十大富豪之一,珠宝大王。兼任香港新世界发展有限公司及周大福珠宝金行有限公司主席,恒生银行有限公司独立非执行董事,Cheng Yu Tung Family Limited 及 Centennial Success Limited 董事,也是信德集团有限公司非执行董事及利福国际集团有限公司非执行主席,同时被誉为香港地产界四大天王之一。

消费引导
粽子的故事

消费引导是指国家、社会、经济组织或者具有财富能量和引领效应的个体对人们的消费爱好、消费意识以及消费品位进行有意识的引导，以达到创造和分配财富的经济活动。

粽子是一种时令性很强的食物，但三念速冻粽子公司却另辟蹊径，将时令性食物变成了日常的餐桌食物。

三念速冻粽子公司是一家后起之秀，但它能够在短时间内赢得较高的市场占有率，和年轻领导者的决策是分不开的。

三念速冻粽子公司的领导者经过市场调查发现两大问题：一是粽子的外包装很大程度影响了消费者的购买意向；二是粽子完全可以作为一种日常食物来销售。

针对这两大发现，三念速冻粽子公司的领导者积极着手。对于第一点，只要是消费者都能了解，我们看一个产品，首先看到的一定是它的外观，外观美观、质量一流的产品才会引起我们购买的欲望。速冻粽子作为一种存放时间较长的食物，往往会让人产生疑问：它在长时间的存放过程中，会不会影响粽叶的颜色及新鲜程度。针对这种情况，三念速冻粽子公司领导者选择运用特殊的竹叶，确保粽子的长久新鲜。

在确保了实体的质量之后，三念速冻粽子公司的创意人员也巧思构想，让包装上的粽子呈现出散发着袅袅清香的状态，从视觉上制造出诱人感。消费者看过之后都表示，这种包装是超市陈列中最为吸引人的。

这个问题解决起来还算较为容易，而让三念速冻粽子公司的领导者更为头痛的则是第二个问题。众所周知，粽子是在端午节的餐桌上才会出现的食物，如何让它作为寻常的食物出现在日常的餐桌上，是个难以突破的大问题。

在三念速冻粽子公司领导者的倡导下，全公司在市场内掀起了一场运动，这场关于粽子的革命共有四个步骤。

首先他们进行的是早餐概念，将粽子作为早餐的替代品，倡导吃粽子是很健康、营养的早餐习惯，而之后消费者的反应也让他们觉得引进这个概念是正确的。

其次他们倡导的是休闲食品概念，粽子已经不仅仅是一种填充饥饿的食品。随着人们生活水平的提高，休闲食品的概念越来越广泛，将粽子加入其中，很容易让消费者们接受。

除了这两点概念的提出，他们在各大电视台、电台、杂志、报纸都做了大幅的报道，让三念速冻粽子的形象深入到千家万户，宣传人员更是做到了让每个人只要一开电视、一出门、一打开报纸就能看到三念速冻粽子的广告。

在进行前三项活动的同时，调查人员发现，很多的三念速冻粽子都是买给孩子吃的，粽子太大就会造成浪费，针对这种情况，他们又将市场细分，专门推出儿童粽子，与此同时，还推出儿童汤圆作为辅食。

事实证明，三念速冻粽子公司的这些引导消费者的举措是有效的，两个月的销售额就达到了去年一整年销售额的两倍。

天下"财"经

国家推动消费引导的主要方法有：收入政策、价格调控政策、消费政策和各种宣传教育的方式，这些引导方式既可以帮助消费者合理安排消费方式和资金分配，也可以让社会生产的发展速度与人们消费水平的速度保持一致，相互促进。

要想对民众做到消费的合理引导和建议，首先要建立社会整体发展的概念，目的是为了引导社会总体财富的提升；其次要完善各种相关的保障制度，减少消费者的后顾之忧；再次是要建立合理的帮扶制度以带动社会弱势群体参与消费。

具体的引导方法可以借鉴：对某些消费规定最低消费要求；通过一定的调节，使一部分低消费人群消费水平有所提高改善；鼓励并倡导先进的消费行为和消费方式，给民众启发；在较高的消费水平上，允许存在一定的差别，以保持激励；不断地潜移默化，一点点推进，以达到最终的普及。

财富名人堂

莱恩·布拉瓦特尼克（Len Blavatnik）：男，2013年《福布斯》全球亿万富豪排行榜上排名第四十四名，净资产一百六十亿美元。美国人，多元化经营。出生于俄罗斯的犹太家庭，1989年在美国取得哈佛商学院MBA学位。1986年创办控股集团Access Industries并担任董事长兼总经理，同时也是华纳音乐集团的所有者，该公司主要投资项目为化学、媒体、通信及房地产，投资区域包括欧洲、北美及南美。

捆绑销售
定妆粉的创意广告

捆绑销售是指销售商引导消费者在购买其一种商品或服务的同时购买其另一种产品或服务,并且将这个附加的产品或服务当作买前一种商品的必要条件。

约翰经营一家小型的化妆品公司,但是不管他怎么努力,销售额都上不去。经过长时间的市场调查,他发现化妆品市场几乎都被一家叫作黑人化妆品公司的产品占据了。

如何才能打败黑人化妆品公司,获得更高的市场占有率就变成了约翰迫切需要解决的问题。

约翰找到自己的好朋友利维,一个营运方面的高手,准备向他讨教一下自己产品的出路。

利维在了解了约翰公司产品的特点后,问约翰:"你目前有什么想法?"

"我没什么想法,"约翰抓耳挠腮地说,"我已经试过很多办法了,如果再坚持一个月,还是不能打败黑人化妆品公司,我就只能宣布破产了。"

"打败?"利维不可思议地说,"你的公司仅仅成立了一年,也许你的产品真的很好,但是你想用成立一年的公司来打败一个拥有百年传统的公司;这样的想法是不对的。"

"不打败?"约翰对利维的说法感到不可思议,"不打败他们,我就没有办法获得更多的市场占有率。"

"为什么不开发消费者的消费能力呢?"利维循循善诱道。

"开发消费者的消费能力?"

利维哈哈大笑:"我是说,如果你不能在短时间内打败对手,但可以短时间内利用你的对手;你不能完全夺取你对手的市场占有率,但你可以开发消费者的消费能力,比如说,让他们在购买了黑人化妆品公司的产品后,再购买一份你的产品。"

"怎么做?"约翰觉得利维说得有道理,急忙追问道。

利维在他耳边说了一句广告词,约翰听了赞叹不已。

离开利维家,约翰立即按照他说的去做,果然人们在购买黑人化妆品公司的产品后,还会习惯性地买一份约翰的化妆品。约翰很快就扩大了市场占有率。

利维说的那句广告词是:当你使用过黑人化妆品公司的化妆品后,再用一次约翰公司的定妆粉,会让你的妆容更明艳、皮肤更滑嫩。

这个广告词不仅没有引起黑人化妆品公司的戒备,还让消费者很容易就接受了他的产品。因为人们已经花了很多的钱在化妆品上,一点也不在意再花一份钱做妆后保养。

🪙 天下"财"经

捆绑销售通常有三种形式。

一、信息传播的捆绑:也就是把具有相关性的不同产品集中放在一起进行广告营销的传播,这样既增强了传播力度,也节省了大量的成本。

二、包装捆绑:就是把不同种类或者同类但是具有前后连接的产品放在一起统一包装进行销售,比如生活中常买的洗护合一的护发套装。

三、定位捆绑:一般在新的产品推向市场时会采用这种方式,用一个知名的品牌或者大众熟知的信息来捆绑,把自己的产品与大众熟知的事物放在同一定位以增强销售效果。

捆绑销售是一种具有创新意识的营销方式,在原有资源的基础上重新整合,既能给生产商带来很好的销售结果,也能切实让消费者享受到实惠,是双赢的策略。

财富名人堂

阿里科·丹格特(Aliko Dangote):男,2013 年《福布斯》全球亿万富豪排行榜上排名第四十三名,净资产一百六十一亿美元。尼日利亚人,从事建筑材料、食品加工业。在从自己的叔叔那里得到一笔商业贷款之后,丹格特就开始了三十多年的大宗商品交易生涯。后来,他创建了丹格特集团。现任丹格特集团董事长,尼日利亚大宗商品巨人,是非洲的"水泥大王"。

沉没成本
覆水难收的爱情

沉没成本，是指那些已经发生并且无法收回和改变的成本。

在西汉时期，有一个读书人叫作朱买臣，他家境贫寒，常常几天吃不到饭，可是就是这样的艰苦环境，他仍然坚持读书。

终于有一天，他的妻子忍无可忍了："朱买臣，我要和你离婚！"

"为什么?"朱买臣从书堆里抬起头问，"我们不是过得好好的吗?"

"好好的? 我们这样子叫好好的?"妻子大怒，拿起身边能摔的东西都狠狠往地上摔去，"我们没有积蓄，没有自己的房子，甚至吃了上一顿不知道下一顿在哪里。

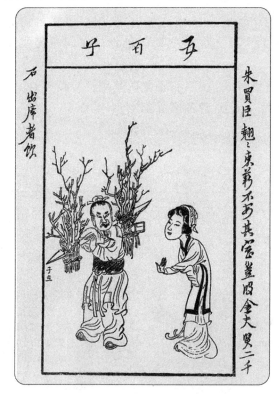

陈洪绶所绘白描人物——《朱买臣故事》

你总是说你自己会考取功名，给我换上凤冠霞帔，可是几年过去了，你给我什么了? 除了让我出去打工赚钱，你闷头在家里看书之外，你给我什么了?"

朱买臣试图抱住暴怒的妻子，但妻子怎么都不让他近身，他只好离妻子远远地说："你相信我，再给我一次机会，这次我一定会高中，给你赢得凤冠霞帔。"

"别说了! 这种话我已经听了这么多年了，我不相信了!"妻子摇头，悲伤之意表露无遗。

朱买臣隐隐约约知道她的想法了，但还是想听她自己说出来："那你想怎么做?"

"离婚。"妻子缓缓说出这两个字，朱买臣只好无奈地答应了。

离婚之后不久，朱买臣的妻子

就改嫁了一个富人。

几年后,朱买臣终于在科举考试中金榜题名,被任命为太守。当他衣锦还乡之际,老百姓都围在街道两旁,看着朱买臣骑着高头大马游街,样子非常威风。

这时,不断向人群挥手的朱买臣在人群中发现了前妻的身影,她变了很多,与几年前离开之际判若两人。

看着神气的朱买臣,他的前妻后悔万分,原来,她嫁到富人家过得并不开心。富人有三妻四妾,那些先到的女人们和那些后进来但是更年轻美貌的女人们都联手欺负她,她在富人家没几年就被赶出来了,独自凄凉过活。

看到朱买臣望向自己,那眼神里还有怜惜,她觉得夫妻情谊未断,就分开人群,来到朱买臣的马前。

朱买臣问这个曾经最熟悉的女人:"你想做什么?"

"我知道错了,我们复婚吧!"女人泪流满面地说。

朱买臣没说话,只是让手下人端来一盆水,他下马亲手将这盆水泼在地上,对女人说:"拨出去的水,还能收得回来吗? 这就像是我们的婚姻,一旦破碎,就再也没有复原的可能了。"

说完,朱买臣上马离去,空留懊悔的前妻跪在原地接受众人的指指点点。

🪙 天下"财"经

"覆水难收"比喻一切都已成为定局,不能更改。其实,"覆水难收"就是一种沉没成本。沉没成本是指那些已经发生并且无法收回和改变的成本。当人们决定做一件事时,不仅要看这件事对自己有没有益处,同时也要注意在过去是否已经在这件事上有过投入。通常,当人们发现自己已经在一件事上投入非常多的时间、金钱和精力时,在做决定时会有所倾向,比如很多人毕业后面临是否选择在学了四年的大学专业方向就业,以及很多情侣相恋多年面对是否结婚的选择。

在经济领域和商业决策中,这是一个两难的选择:要么因为害怕会有不产生效益的沉没成本而不敢投入;要么由于沉没成本而舍不得改变,继续过去的投入方式而造成更大的亏损。很多经济学家认为,若是从理性的角度思考,在做商业决策时根本不该考虑沉没成本。

对于沉没成本产生影响的因素主要有:成本的来源、投资的市场、政府的政策和投资所产生的影响。

价格战
被毁掉的名画

价格战通常是指企业之间通过竞相降低商品的市场价格展开的一种商业竞争行为,也被用于个人交易之间的价格之争。

故事发生在一个美国画商和一位印度收藏家之间,这位印度收藏家收藏着某位已逝画家的三幅作品,当美国画商得知这个消息之后,从美国赶到印度与收藏家交涉。

美国画商说:"我的画廊需要这位画家的作品,我想把他的三幅作品都买下来。"

印度收藏家也很爽快:"没问题,只是这位画家的作品只剩下我手头的三幅,所以售价会比较昂贵。"

"多少钱?"

印度收藏家说:"两百五十万美元。"

"你疯了?"美国画商大叫,"三幅图要我用两百五十万美元来买?"

"是的。"印度收藏家回答,"这是他仅存于世的三幅作品。你不买我这里的,就再也买不到他的作品了,除非你的画廊想要展出的是赝品。"

"我当然不会展出赝品。"美国画商说,"我画廊里面没有一幅是假货!只是你的画实在是太贵了,比他出名的画家都不值这个价,你这是哄抬物价。"

"哄抬物价?你的意思是我做生意不讲诚信了?"印度收藏家生气了,"好,那我就不卖给你了!"

说着,印度收藏家命人将三幅画中的一幅给烧了。

看到这么好的画被烧,美国画家想上前去抢救,却被印度收藏家的助手挡住了去路,只能无奈而伤心地看著名画被烧掉。

三幅图只剩下两幅,美国画商虽然心疼,但他还是想买,于是问印度收藏家:"现在就剩下两幅了,你卖多少钱?"

"两百五十万美元。"印度收藏家还是不改口。

"三幅画你卖二百五十万美元,现在只剩下两幅,你还是卖同样的价格?你怎么好意思开口!"

印度收藏家冷哼一声,又命人烧了第二幅画。

美国画商大叫起来,想阻止还是被挡住去路。

只剩下一幅画了,美国画商问:"你现在卖多少钱?"

"两百五十万美元。"依旧是一样的价格,印度收藏家说,"现在就一幅画,你爱买不买,你不买,别人也会买这唯一的真迹。"

"这不合理……"美国画商说道。

"两百七十万。"印度收藏家眼都没抬一下就开始涨价。

"什么?"

"三百万。"

不管美国画商怎么说,印度收藏家都不断地提高价码,而且表现出不能商量的姿态。最终,美国画商以五百万美元买了这最后的一幅名画。

天下"财"经

价格战通常是指企业之间通过竞相降低商品的市场价格展开的一种商业竞争行为,即在市场竞争的过程中,把价格当作最主要的竞争策略使用的过程,也被用于个人交易之间的价格之争。故事中的价格战就是个人交易之间通过计谋,维持高额价格交易的过程。

价格战所产生的原因主要有四个方面:

一、由于市场上供大于求的状况出现,消费者的消费需求不足以达到企业市场运作的要求,就需要价格战来刺激消费者、拉动需求从而创造财富。

二、因为市场占有率有限,采用这个方式可以快速抢占市场以累积财富。

三、由于商品成本降低了,就可以在此基础上降低价格来吸引更多消费者产生财富。

四、有些公司在市场中随波逐流,被迫参与价格战,最终往往损失惨重。

由此看出,价格战既是市场经济发展的一个必然产物,也是市场营销的一个重要的组成部分,为了能在这场没有硝烟的战争中获得胜利,需要注意有几个应对策略可以选择:要细化目标市场;要扬长避短,突出特色,发挥优势;要学会建立战略联盟;要实时跟进价格;要提灵活应用这几个策略,才有机会在价格战中立于不败之地。

第四章

拥有财富，可以做什么

消费
消费券打印出的财富

消费，是社会再生产过程中的一个重要环节，也是最终环节。它是指利用社会产品来满足人们各种需要的过程。

在中国，当公务员是很多大学毕业生梦寐以求的理想职业，而方华对此却不热衷。

她大学毕业后在一家培训机构任职。在这个培训机构里，方华和前来培训的学生聊天，听说在国外有一种打印优惠券的卡很流行，只要拿着卡就可以打印优惠券，拿着优惠券到各个商家去消费。

这种新颖的方式引起了方华的兴趣，她和几个朋友一起，到上海、北京、广东等大城市进行市场考察，方华发现这个市场在中国是空白的，她就决定引进这种优惠券平台。

优惠券平台刚被引进，就引起了人们的围观，人们对于这种新鲜事物十分好奇，开业当天优惠券的卡就卖出了几百张，而人们利用这种卡打印出来的优惠券更是上千张。

开局虽不错，但发展的过程却差强人意，时间仅仅过去半年，市场上就出现了各式各样的模仿她的平台营运商，其中有一家还做到了全国性的。

针对这种现象，方华再次做了市场调查，将竞争重点放在增加电脑设备的布点及导购人员数量上。此后，发卡量及合作的商家数量均明显增多。

经过再次的发展，方华的优惠券打印机已经发展到了全国各个城市，在每个城市的各大商圈、超市、住宅小区、便利商店等场所都有陈设，而合作的商家也从之前单一的餐饮业扩展到了娱乐、购物、旅行等多种行业。

随着业务的扩展，方华的业务也引起了政府部门的关注。她的优惠券平台更是被政府部门确定为信息科技产业项目，是物联网（Internet of Things）发展的项目之一，并在政策、办公场地、商场租金等方面予以扶持。

这对方华来说，是个天大的好消息，她对和自己合伙的朋友们说："借力政策扶持，优惠券打印平台可以有更大发展。"

方华也确实有了更大的发展，在被政府部门承认之后，她的优惠券平台和中国移动等公司展开合作,开始了更新一轮的市场竞争。

天下"财"经

消费分为生产消费和个人消费。前者指物质资料生产过程中对生产数据和劳动的使用和消耗。后者是指人们把生产出来的物质资料和精神产品用于满足个人生活需要的行为和过程,是"生产过程以外执行生活职能"。

二十世纪三十年代,凯因斯把消费问题引入到宏观经济领域,他把消费看作是国民收入流通的基本形式之一。购买消费品的支出,称为消费支出。从全社会看,一个人的支出,就是另一个人的收入,总支出等于总收入。社会总需求等于消费和投资之和,从总需求中去掉投资支出,就是消费支出。

人们的消费行为受消费心理的影响,比如从众心理引发的消费、求异心理引发的消费、攀比心理引发的消费及求实心理主导的消费。故事中的优惠券能够畅销,就是人们求实心理的结果。

消费行为也可以分为三种类型:

一、计划型,是按照家庭收入的实际情况和夫妻生活质量目标制订计划。

二、随意型,这种类型的人完全按照个人喜好和临时兴趣进行消费,较少考虑整体消费效益,极易出现盲目消费和浪费。

三、节俭型,消费时精打细算,能省即省,并且善于利用再生性消费。

财富名人堂

格尔曼·拉利阿·莫塔·维拉斯科(German Larrea Mota Velasco):男,2013年《福布斯》全球亿万富豪排行榜上排名第四十名,净资产一百六十七亿美元。墨西哥人,从事有色金属、矿业。以矿产业起家,逐步发展成当今墨西哥的矿业老大,矿产业在墨西哥有二十四个州具备发展的潜力。据分析,矿业的投资有百分之六十来自这位墨西哥矿业大亨。

恩格尔系数
富人的早餐

恩格尔系数,是指食品消费支出占总体消费支出额的比例。

每个人都有那么一两个有钱的朋友,子奇也不例外,阿寒就是他所有的朋友中最有钱的一位。

子奇和阿寒不在同一个城市里居住,这天,子奇要到阿寒所在的城市出差,就打电话给阿寒:"阿寒,我要去出差,在你家住几天行不行?"

"当然可以!"阿寒一口答应下来。

于是,子奇就拎着行李住进阿寒的家里。

好朋友来做客,阿寒特别高兴,当晚特地吩咐佣人多准备几道菜迎接子奇。

自从两人毕业分开之后,子奇和阿寒没有见过面,只是从朋友们的口中听说过阿寒做生意很成功,赚到了很多钱,这次到阿寒家中一看,他家里的地板、装饰、房间等,无一不是顶尖的。为了减轻妻子的压力,阿寒还请了两个佣人,一个负责照顾新生不久的婴儿,一个专门负责煮饭。

家里的饭菜很可口,特别是阿寒授意佣人做的那几道菜更是让子奇满意极了,虽然自己的好友已经发达了,但还是记得自己喜欢吃的菜,仅这一点,子奇就特别感动。

出差结束了,子奇回到自己的城市里,和他们一起长大的朋友大卫搞笑地问他:"这次去有钱人的家里有什么感想?"

"没什么了不起的,有钱人的家里每天也就是吃那些寻常的菜色!"子奇不以为然。

"吃饭还能吃出什么花样来?"

"话不能这么说。"子奇对戴维说,"我没去之前,以为有钱人肯定每天都是吃山珍海味,结果去了才发现自己错得多离谱,他家早餐也就是吃小菜、粥,有时候还没我们家吃得好!"

"有钱人就是这么节省,爱惜每一分钱,才会积存到更多的钱的。"戴维猜测说。

子奇撇了撇嘴:"人活一辈子,不就是为了比别人吃得好点吗?"

戴维不同意他的看法:"他怎么可能买不起,他吃得清淡,也许是为了让家人更健康。再说，他家也许和你家吃的一样，但你们的恩格尔系数肯定不一样，要知道，恩格尔系数在某种程度上可以看出一个家庭的富裕程度的。富人的餐桌也许和平民的花费一样，但他们用于食物的开销比例肯定是较低的，他们的钱大多花在别的地方。比如他家的装修、孩子的抚养以及日后的教育。"

子奇虽然听得心里不舒服，但还是点点头赞同了戴维的说法。

天下"财"经

民以食为天，在满足食物基本需求的情况下，消费的重心才会向别的方向转化，所以恩格尔系数直接可以看出经济的状况。它既可以用来直观地看到一个国家和地区的生活水平，也可以用来衡量一个家庭的生活状况。

恩格尔系数越小，证明越富裕，财富越充足；恩格尔系数越大，证明经济状况越困难。

恩格尔系数是由德国的统计学家恩格尔根据大量实践和经验统计而出，用公式来表示，恩格尔系数（％）＝食品支出总额/家庭或个人消费支出总额×100％

由于恩格尔系数直接反映一个国家的经济状况和人民生活水平，所以降低恩格尔系数是每个国家都在重视的方向，若想降低恩格尔系数，可以从三个方面努力：

一、要加快国家经济发展，尤其增加低收入人群的收入水平，可以从国家层面有效降低恩格尔系数。

二、重视食品质量的稳定提升以及食品价格的上升速度。

三、加大宣传力度，引导消费者合理消费，可以有效降低恩格尔系数。

财富名人堂

乔治娜·莱因哈特（Georgina Rinehart）：女，2013 年《福布斯》全球亿万富豪排行榜上排名第三十六名，净资产一百七十亿美元。澳大利亚人，从事钢铁、矿业。于 1992 年继承了父亲的矿业公司，该公司当时境况不佳，在她的领导下逐步摆脱困境。她除了继续扩大钢铁、矿石业务外，还在开发两个煤矿产业，估计总价值高达一百五十亿美元。

购买力
五十克朗能买到什么?

购买力,指的是在一定的时间内可以用来购买商品的货币总额,也就是一定时期内对商品的购买能力的表现。

在瑞典生活多年的山本渐渐也学会了瑞典人招待客人的那一套做法,每次家里有客人来,他都会到街角的法国面包店里买一条刚出炉的全麦长面包,放在餐桌上,再摆上奶油和起司,供客人们现吃现切。

这一天,山本家里来了几位朋友做客,和往常一样,山本又来到街角的法国面包店中,选购了全麦长面包后,山本来到收银台结账。等待付款的时候,一张对折的五十克朗出现在他的脚下。

山本蹲下捡起那五十克朗,拍拍前面男人的肩膀:"先生,这钱是你掉的吗?"

留着长发的瑞典男人摸摸自己的口袋:"我想不是我的。"

山本问了好几个人,都是同样的答案。

面值 50 元的瑞典克朗

山本结完自己的面包费用后,将那五十克朗交到收款台的服务生手中:"这是我刚才捡到的五十克朗,我已经询问过排队的人,不是他们丢的,现在我把它交到你这里,如果有人来寻找,请你代为交还。"

服务生满口答应,将五十克朗放在"失物招领"的篮子里,等待失主找上门来。

事实上,这样的事情经常发生,服务生已经见怪不怪了。而真正丢了钱还找上门来的人数量很少,只是为了顾客的利益着想,瑞典的每个服务行业都会设有这样的"失物招领"篮子。

回到家中,山本将这件事当作一个笑话在餐桌上向自己的朋友们讲解,朋友甲说："交给服务生,你怎么知道他不会贪污了?"

"不会的。"山本说,"瑞典人把自己的钱包看得很紧,很少丢钱,就因为能看紧自己的钱包,所以也尊重别人的钱包,他们捡到钱一定不会留在自己的手里,如果有人来找,一定会归还给失主的。"

"五十克朗能吃一顿高级自助餐了。"朋友乙说。

"是啊!还能去中国餐馆吃两盘炒菜。"山本的瑞典朋友丙也附和说。

"正因为这样,才更要还给人家。"山本说,"如果是小朋友丢了,该有多伤心!"

山本的瑞典朋友额首称是,又开了个玩笑说:"幸好你是在面包店里捡到的钱,可以还给店员;如果是在街上捡到的,又是成捆的钞票,那就要拨打一一二(瑞典报警电话)了,那说不定是黑社会的钱。"

众人哈哈大笑,派对在一片欢声笑语中正式开始了。

天下"财"经

由于购买力是借由国民收入的分配以及再分配而形成的,即人们的薪水收入或者其他投资理财甚至补贴救济收入的货币,取决于货币本身的价值以及商品的价值和服务的价值,所以购买力的大小也从一个侧面反映了一个国家经济水平和政治地位的状况。

购买力有很多类型,按照不同的依据来看有不同的分类方式,若是按照购买力的主体来看,有居民购买力和社会购买力;若是按照空间的分布,有城市购买力和农村购买力;若是按照购买商品的性质划分,则有消费性材料购买力和生产性材料购买力;同样,若是按照形成购买力的来源划分,则有薪水、奖金、补贴、财政拨款、劳动收入等。

通过各种购买力在国家总购买力中的不同比例,可以分析购买力的结构是否合理,以及人们购买力的水平,并据此预测将来购买力的方向。

财富名人堂

约翰·马尔斯(John Mars):男,2013年《福布斯》全球亿万富豪排行榜上排名第三十六名,净资产一百七十亿美元。美国人,从事食品加工制造业。和兄妹小福利斯特及杰奎琳共同拥有销售额三百一十六亿美元的玛氏公司;该公司是全球最大的糖果企业。这在一定程度上得益于公司在2008年以两百三十亿美元的价格收购了口香糖生产商箭牌公司(Wm. Wrigley Jr. Company)。

政府救市

奥巴马签署救市计划

政府救市,指的是当国家的整体经济状况严重恶化的情况下,政府通过税收和监管,对经济市场进行干预,用以刺激内需,促进经济发展来维持正常经济秩序的政府性行为。

金融危机爆发之后,经济学院的学生们就"政府是否应该救市"为论题展开了一场辩论。

坚持"政府不应该救市"的学生甲说:"亚当·斯密在他的著作《国富论》中曾经论述过关于市场万能的理念,他认为市场是一只看不见的手,当出现供需不等时,市场能够通过价格来自动达到平衡。基于这个理论,政府开始在市场中扮演一个极其简单的被动角色,只要市场能够做到的事情,政府都不能直接插手经济运作。"

坚持"政府应该救市"的学生乙说:"反方辩友说得好,但是你这个理论,在二十世纪三十年代前没有问题,但是三十年代的大萧条改变了这一切,人们眼睁睁地看着银行关门、公司倒闭,而市场本身却好像失去了自动平衡的能力。于是从那时起,罗斯福新政为后世开辟了政府干预主义的先河。"

甲说:"不能政府救市,在这场百年不遇的金融危机中,政府不应该放弃资本主义市场自由的原则,因为只有让市场充分发挥自动平衡的能力,才能让经济自然增长。"

乙反驳道:"这次的金融经济确实是百年一见的,正因为难得的一次,政府才需要在危机中发挥重要作用,在市场自动平衡能力稍逊的时候,正应该是政府大有所为的时候。"

……

辩论的最后,"政府应该救市"的学生获得胜利。

而在现实生活中,美国总统奥巴马就是利用行政手法来挽救美国的经济。

他上任不久,就进行了电视演讲,他对全国民众说:"美国正受困于史无前例的危机之中,需要采取前所未有的举措……如不迅速、大胆行动,经济严峻形势可能急剧恶化。"

在这次发表之前的一周,美国申请失业者的人数创二十六年来新高。一些经济分析师认为,如不采取应对措施,失业率将达到两位数。这名新任总统承认,美国经济规模可能缩水一万亿美元;对一个四口之家而言,意味着收入减少一万两千美元。

奥巴马还警告说,由于越来越多的美国青年被迫放弃大学梦或就业培训机会,美国"可能丧失一代人的发展潜力"。

基于这些情况,奥巴马决定一个月内签署拟议中的八千两百五十亿美元新经济刺激计划,来创造就业机会,促进经济长远发展。

天下"财"经

2008 年金融危机席卷全球,大部分国家经济都非常低迷,经济衰退最直接的后果就是民众的恐慌。在这种情况下,各国政府纷纷采取救市手段以刺激经济发展。

主张救市的一派认为,政府如果不救市,经济体系将全面崩盘;而反对救市的一派则认为政府不该动用纳税人的财富去为那些贪婪投资者的决策失误而买单,这不该是民众应该解决的问题,再者,投资者决策失误,政府介入未必就能保证正确,若是持续经济下滑,纳税人的资金又该由谁来弥补。

两派各有理由,实际上,应该从两面来考虑问题,政府救市具有合理性但要注意方式和方法。

财富名人堂

杰奎琳·马尔斯(Jacqueline Mars):女,2013 年《福布斯》全球亿万富豪排行榜上排名第三十六名,净资产一百七十亿美元。美国人,从事食品加工制造业。糖果巨头玛氏公司的女继承人,与其两兄弟约翰和小福利斯特共同拥有玛氏公司。

独立董事
百度进军日本

独立董事,是指独立于股权公司的股东之外,与公司及主要经营者没有重要的业务关联,也不在公司内部任职,却能对公司事务做出独立建议的董事。

当百度宣布进军日本市场的时候,所有的朋友都为百度的老总李彦宏捏了一把冷汗,一位美国跨国公司的老总甚至公开表示说,百度选择了世界上最难的一个市场。

在当时,百度是一个成立仅有七年多的公司,宣布进入日本市场,几乎没人相信,因为在这之前,没有一家中国公司能真正进入日本市场。

但是当有一个人宣布将加入百度董事会担任独立董事一职后,之前不看好百度进军日本市场的人,都对百度的未来放下心来,因为这个独立董事的出现将会为百度带来无限的可能性。

出井伸之是一位毁誉参半的管理人,他不仅被《财富》杂志评为亚洲最有气势的经营者,还被《商业周刊》选为最糟糕的经理人。

这个人就是索尼公司前董事长兼首席执行官出井伸之。

百度老总李彦宏和出井伸之的初次见面是在 2006 年的新经济领袖峰会上,那时候与会的都是年轻人,出井伸之作为一个稍年长的与会者引起了李彦宏的注意。

后来,李彦宏就开始关注这个将索尼推向国际化的重要人物,在后来举行的一次小规模的聚会上,他主动向出井伸之抛出提议,两人有了一次深入的交谈。出乎李彦宏的意料,出井伸之不仅知道百度,还有相当程度的了解。李彦宏就百度国际化的问题和他展开讨论,出井伸之给出切实可行的意见。

这次的会面可以说是知音相遇，李彦宏回国之后一直思考如何将出井伸之拉入到自己的阵营中，终于在想清楚之后，他再次到日本拜见出井伸之，向他说出自己的想法，希望出井伸之能加入到百度的董事会中。

依旧是出乎李彦宏的意料，出井伸之很爽快地答应了。这之后，李彦宏又将出井伸之介绍给公司董事会中的其他几位董事，大家对于因特网的理念很接近，于是，整个董事会都以欢迎的姿态等待出井伸之的加入。

出井伸之在日本的影响力可以算是一个神话，无论是政界、企业界还是普通的日本民众，都对他敬仰有加。

据百度内部知情人士透露，有一次，百度在日本发展遇到了一点小问题。出井伸之二话不说，立即表示："我认识他们的领导者。"立刻拨通电话，帮百度摆平了麻烦。

除了在索尼担任过要职外，出井伸之还担任过日本银行顾问、日本信息产业战略规划委员会成员。他广泛的人脉，将会让百度在日本的道路越走越宽。

天下"财"经

独立董事的制度源于二十世纪二十年代的美国，由于水门事件，很多著名公司的董事都卷入这一丑闻，为了防止股东和管理层的内部控制并损害公司整体利益，美国法律提出了独立董事制度并在全球迅速发展起来。

在最初设立的公司法中，董事分为内部董事和外部董事，若是再细分外部董事，则可分为有关联的外部董事和无关联的外部董事，这里所说的独立董事实际上就是无关联的外部董事。正是由于其与公司不存在实质的利益关系，所以可以比较客观理性地看待并处理问题。

独立董事最根本的核心特征就是独立性和专业性，不仅要在各方面可以实现其独立性，更要具有相当的专业能力，并能凭借专业素质来独立思考判断并给出企业合理建议。

当然，独立董事除了可以提出建议之外，还有其他权力可以行使，比如可以提名或任免其他董事；可以聘任或者解聘企业的高层管理人员；可以对企业董事和高层管理人员的薪酬提出自己的建议；可以干预公司章程制度中规定的一些事项等。

广告
向对手致敬的开发商

广告,是指为了某种特定的需求,花费一定的费用,通过一定形式的媒介,公开向公众传递某种信息的一种宣传手法。

第二次世界大战后,日本境内很多地方都被摧毁,但对建筑业来说,却是个机遇。

日本的间组公司是一家专门经营建筑大坝的公司,被业内称为"大坝之王"。在第二次世界大战之后,间组公司决定进军建筑业,可是日本当时的建筑业已经有了五家超级大鳄,只要提起盖房子,人们都会想到这五家公司。

间组公司的董事长神部满之助是个性格特别倔强的人,只要他认定的事情,从来不会放弃,即便是面对如此困难的局面。他坚持带领公司进入建筑业,但他自己明白,别说是那五家公司,比间组强的公司还有好多家。神部满之助认为,目前最重要的事情,不是和五大公司竞争,而是如何摆脱众多的建筑公司而跻身五大公司行列。

从决定进军建筑业到想出办法,神部满之助用了一个半月。而他想出的这个办法,几乎被所有人看作是"最愚蠢"的。他找到日本的各大报社、电视台、电台等媒体,向他们支付巨额的广告费,要求各大媒体以间组公司的名义做广告,但是他对广告提出了一个特别的要求,要将五大公司巧妙地排在他公司名字前。这样的广告要求,对广告高手来说,自然是手到擒来。一周后,间组公司的广告就在全日本铺天盖地地向民众展示了。

和神部满之助设想的一样,广告刚一出来,业界就传来了很多嘲笑声:"这个白痴,竟然出钱帮别人打广告!"

而五大公司虽然觉得意外,但大篇幅的广告对自己来说,是没有什么损失的,也就没有探究神部满之助的做法。

广告的宣传力度很大,日子久了,大家对这个广告有了两种截然不同的看法,业界人士看到神部满之助就开始嘲笑他:"你是第六大公司的经理吗?"

神部满之助也不生气,事实上他很喜欢听到"六大公司"这个词。这个时候,神部满之助的所有对手显然都还不知道这几个字的含意。

渐渐地，开始有人找间组公司承建大楼了，对建筑业以外的民众来说，由于广告的作用，他们已经把间组公司看作和五大公司一样的建筑业大鳄了。

很快，找间组公司建楼的人越来越多，那些小公司和五大公司这才明白广告的作用，但为时已晚。

🪙 天下"财"经

美国广告主协会提出广告是，"付费的大众传媒，最终目的是传递信息，改变人们对广告商品或者事物的态度，并促使其行动产生消费而为广告主带来收益"。广告是市场经济的产物，随着商品生产和交换而出现，世界上最早的广告是用声音进行的，也就是最原始的叫卖广告形式，而中国也是世界上最早使用广告的国家之一。

广告最核心的本质就是传播，而传播的目的是为了商品的销售，所以广告具有几个显著的表现方式：

一、作为一个传播工具，将商品信息由广告传递给消费者。

二、广告必须是有目的而且有计划性的，并且是连续的。

三、做广告是需要花费的，广告的传播内容应该是具有说服性的。

四、广告其实不仅可以为广告主带来利益，对消费者来说也可以获得需要的有效信息，是双赢的。

由此可以看出，广告的显著特点是：传播性、价值性和说服性。

财富名人堂

伊里斯·冯特博纳（Iris Fontbona）：女，2013年《福布斯》全球亿万富豪排行榜上排名第三十五名，净资产一百七十四亿美元。智利人，从事有色金属、矿业。丈夫于2005年因癌症去世之后，她继承了财富，控制着世界上最大的铜矿之一——Antofagasta，她的儿子让·保罗现在是公司的董事长。

CIS 系统
专属于小资的咖啡

CIS,英文"Corporate Identity System"的缩写,是指企业或者机构的形象识别系统。

"我不是在星巴克中,就是在去星巴克的路上。"这是曾经在网络上非常流行的一句广告词,它足以说明星巴克在年轻人心目中的地位。

"品牌本位论"认为,品牌不仅是产品的象征,而且有自己的内容,是其基本内容的标识,品牌是代表特定文化意义的符号。星巴克咖啡更是这一理论的忠实拥护者,有人说星巴克咖啡不仅仅是咖啡,而是文化和知识的结合体。

在星巴克咖啡创立之初,他的设计者们曾经就两个问题展开过讨论,后来星巴克咖啡的成功更是证明了他们对于这两个问题的"纠缠"是多么明智。

第一个问题,市场上的咖啡那么多,为什么星巴克咖啡能够取得一席之地?

星巴克咖啡的创始人在肯德基、麦当劳的身上找到了答案。众所周知,这两家在快餐界可谓是龙头老大,它们和星巴克咖啡一样——来自美国。

星巴克咖啡的创始人认为,既然这两家快餐店可以连锁,那么为什么咖啡不能?更何况咖啡提供的是更高一层的服务:让人更有涵养,更懂得享受。星巴克咖啡不仅仅能为人提供休闲娱乐的环境,还是一个不错的办公场地。咖啡厅的环境不能太正经、严肃,这样一旦双方商谈不拢,会造成尴尬和压力;而一杯咖啡就能谈妥的生意,精明的生意人肯定不会破费去餐厅增加成本。

连锁的问题解决了,第二个问题浮现了:咖啡太常见了,如何定位连锁咖啡店?

星巴克,这个名字来自于美国作家麦尔维尔的小说《白鲸》,这部小说中有个处事冷静、极具性格魅力的大副就叫作星巴克,他的嗜好就是喝咖啡。从这个名字出发,其实就可以看出星巴克咖啡的定位。虽然麦尔维尔在美国和世界文学界的地位很高,但是阅读过他的书的人很少,他的读者群主要是受过良好教育、有较高文化品位的人。因此,星巴克咖啡通过它的名字明明白白地告诉了消费者:它们想要服务的是注重享受、受过高等教育的、富有小资情调的城市上班族。

基于这些理念,星巴克咖啡通过全球连锁加盟、统一标志等方式,迅速扩张,最终使得自己成为咖啡店界的大亨。

CIS 是"企业形象识别系统"（Corporate Identity System）的简称，是在二十世纪六十年代由美国 IBM 公司率先使用的，它是指把企业的经营理念和文化内涵进行统一的设计，整合成整体的视觉表达体系以传递给企业内部员工及广大民众，使其产生对企业的认同感，从而形成企业的良好社会形象，最终达到促进产品或服务销售的目标。

CIS 的核心因素是理念的识别，是为整个视觉表达系统奠定基本的理论和行为准则，包括企业的核心价值观、企业文化、经营理念、市场定位、组织架构等。围绕理念识别，再进行行为识别和视觉识别的设计，比如一些产品研发、市场调查研究、营销活动等设计，以及企业名称、标志、企业象征的图案、宣传的口号等，这些统一结合，才能真正展现出企业的特色。

CIS 的建立不仅对企业的办公、生产、管理、营销、包装、广告等系统形成规范统一的管理，更能因此而调动企业员工的归属感和认同感，从而提高企业的凝聚力。

财富名人堂

阿利舍尔·乌斯马诺夫（Alisher Usmanov）：男，2013 年《福布斯》全球亿万富豪排行榜上排名第三十四名，净资产一百七十六亿美元。俄罗斯人，从事钢铁、通信营运、金融、投资业。一直担任欧洲和俄罗斯击剑协会的主席。他也是俄罗斯首届一指的富豪，2008 年 2 月，他入主英超阿森纳俱乐部，成为该俱乐部的大股东。

品牌
医生犯下的"美丽错误"

品牌，是指公司或组织的名称、产品或者服务的一种商标，是有别于其他竞争对手公司的识别标志和价值理念，也是公司独特的无形资产。

炎炎夏日，人们最希望得到的饮料是什么？据有关数据显示，在最热的时候，全世界每一秒钟大约有一万多人在同时享用可口可乐。

如今的可口可乐具有如此大的市场占有率，可是当初它的诞生却是一个意外。

有一次，一位医生给自己的病人看病，临走的时候，他拿来一瓶可以缓解头痛、稳定情绪的药水让病人带走。

当天晚上，医生就被一阵急促的敲门声惊醒了。白天拿走药水的那位病人又回来了，他举着手中的瓶子说："大夫，再给我一点药水吧！"

医生听后，在他的瓶子里装了整整一瓶药水。

第二天，病人带着一大群人来到医生的诊所，说要买前一天一模一样的药水。

医生感到很奇怪："你们家中的人都生病了吗？为什么要买这么多的药水？"

"不是的。"一个举着瓶子的男人说，"你的药水很好喝，我们打算开派对！"

"病人"们走后，医生好奇地喝了几口自己的药水，发现口味还真是不错。

"这个药水能不能更好喝一点呢？"

医生试着往药水中加入糖浆和水，然后再加上冰块，这下"药水"就变得更好喝了。

医生招呼自己的助手来品尝，助手在倒药水的时候，不小心打翻了碳酸水，碳酸水滴到"药水"中，医生尝了一下，觉得"药水"比之前更好喝了。

带着新型"药水"，医生来到之前疯狂购买药水的"病人"中，请他们尝试新型"药水"。众人尝试之后，都说比之前的药水更好喝。

医生看到市场反应这么好，就大胆做了一个决定，开了一家"药水"制造厂，因为"药水"中含有两种成分，古柯（Coca）的叶子和可拉（Kola）的果实，医生便将自己的"药水"命名为 Coca-Cola，每份可口可乐的售价为五美分。

6 年后，可口可乐公司的创始人以两千三百美元取得可口可乐的配方和所有权，通过促销活动，赠送日历、明信片、剪纸等大量赠品，使得"可口可乐"这个品牌迅速为人所知;1919 年,"可口可乐"公司以当时的天价——两千五百万美元,被欧尼斯伍德瑞夫财团收购。

从此,这个医生犯下的"美丽错误",正式踏上了国际舞台。

🍪 天下"财"经

品牌包括品牌名称、品牌的角色、商标和品牌标志,在牛津词典中被定义为"用来证明所有权,作为质量的象征或其他用途",也就是用以区别和证明不同产品的质量。

品牌具有的显著特征是:

一、品牌是一个企业专有的,是经过法律程序认定的。

二、品牌是一个企业核心竞争力的展现,是企业的无形资产。

三、品牌通常都是视觉、听觉和感觉到的,并不是实际的商品或实体。

一张 1890 年广告海报,一位穿着精美衣服的女子在饮用可乐。广告语为"花五美分喝可口可乐",作品中的模特为希尔达·克拉克

四、品牌具有扩张性,一个产品或者一个企业可以运用优秀品牌来扩大市场占有率。

五、品牌也有风险,尤其是在品牌的成长过程中,由于各种原因也有可能造成品牌的风险和不确定性。

品牌对一个企业来说是非常重要的,很多创业的企业都希望可以打造自己的品牌。因为品牌不仅是一个企业及其产品核心价值的表现,更是识别其商品质量和信誉的保证,所以,品牌可以为企业带来高额的利润,是企业名副其实的"摇钱树"。

国库
道光帝的绝望

国库,是国家存放实物、黄金和货币的库房,承担着保管和管理国家财政资产及负债的重大责任,并借此来反映一个国家的经济预算与经济执行状况的众多国家财政职能。

道光二十三年,道光帝已六十二岁高龄。多年劳心操持,使他苍老得异常快,此时他疲惫至极,寝食难安。然而,他面临的最大内忧来自财政方面,持续两年之久的鸦片战争耗尽了三千万两白银,战后赔款对大清的财政状况更是雪上加霜。两三年间,用于战争、赔款、治河的支出合计将近七千万两白银,而当时国家每年的总收入仅有四千多万两。

道光皇帝情殿鉴古图

道光帝,这个以节俭闻名的皇帝,心疼得要命。当时户部银库存银仅一千万两多一点,这已经是大清开国以来的最低值了。无论如何,这笔钱是不能再动了,道光帝想,毕竟国家是需要有点储备金的。

怎料,现实给了道光帝又一个打击,国库是空荡荡的,这一千多万两存银仅仅是账面数字!本以为国家还有一千多万两的国库余存,一查验就成了泡影,可以说是一贫如洗。

道光帝命令大臣们介入调查,一定要查个水落石出。事实上,银子是谁拿的,宫里的太监、宫女们最了解,只是他们谁都不会、也没有机会向道光帝说明。

这些拿银子的人就是库兵。因为除了库兵,谁也接触不到银子。

可是,一千万两白银要是用现代载重四吨的中型卡车运,能装满一百车,这些库兵敢明目张胆地从戒备森严的银库运走如此多银子吗？更何况，库兵如要进入银库，即便是严冬，也要脱去衣裤，进库后再换穿库内的衣裤；做完工作出库时，再脱光衣服，库门口有一个板凳，库兵光着身子跨过板凳，两手往上一拍，大喊一声"出来"，然后才可以穿上来时的衣服，下班回家。

跨板凳、举手、拍手、高喊，是为了表明自己体内、腋下、嘴里、手中没有夹带银子。

乍一看库兵无机可乘，其实不然。

据说偷银子的办法有两个：

第一个是以股道藏银，这个办法是在天热时使用。库兵把银子通过肛门塞入体内带出国库，一次最多能塞八十两，能忍受三十分钟。

第二个办法是茶壶往外带银子。壶里有水，把银子放在茶壶里，出库时打开茶壶盖，将茶壶往下一倒就过去了。实际上，银子堵在茶壶里，当然倒不出来。

其实，库兵还有别的办法，这样一来，积少成多，银库的银子不知不觉间就被盗了很多。

经过大臣劝解与开导，道光帝也逐渐从激愤万分中平静下来。他想从大臣们身上捞回这笔银子，但追缴的结果很不理想，部分大臣无力承担自己的"国债"，道光帝也只好延长期限。

国库空虚的案子让道光帝很绝望，一来他是个节俭的人，二来如此大案竟然找不到罪魁祸首。他开始回避矛盾重重的现实，最终还是无可奈何地接受了大清王朝没落的事实。

天下"财"经

国库通常分为财产国库和财政国库两大类，财产国库是一个国家所有国有资产的总和，而财政国库则是由国家的财政部保管执行并负责的。每个国家都有自己的国库制度并且是严格执行的，而国库所选择的储存地点更是严格执行秘密安全的基本原则。

现代国库具有更多的经济职责，主要表现在：对政府预算甚至预算外资金的严格监控；对政府资金及其资产的运作进行严格的财务核算及管理；对政府及政府所有部门的银行账户的严格监控；处理与政府相关的货品及服务的支付；管理预算执行过程中的现金流动等。

由于国库的特殊性及重要性，对于国库风险的防范显然是重中之重，不仅要做好基础的管理防范，更要在法律及技术层面做好严格防范。

财团
不可见的家族

财团，指的是由少数金融巨头所控制的大银行和大企业结合成的垄断性金融资金集团，通常是由一个或者几个家族集合组成。

2008年，全球几乎所有富豪的资产都缩水超过百分之五十，但也有一些财团躲过了一劫，在经济危机中受到的损失非常有限。

瑞典的瓦伦堡家族就是一个鲜明的例子。

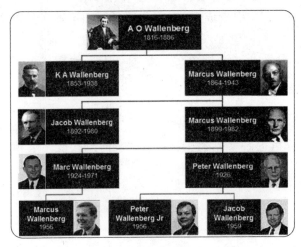

瓦伦堡家族图谱

在瓦伦堡家族中流传着一句话：存在，但不可见。因此，它的家族成员很少被世人所知，但它旗下的公司却都是大名鼎鼎，比如说，ABB、阿斯利康、阿特拉斯·科普柯、伊莱克斯、爱立信、胡斯华纳、萨博、瑞典北欧斯安银行等。

瓦伦堡家族从1846年开始从事航运业，到现在为止，已经延续了一百六十多年了。任何一个财团经历这么久的时间，都会累积到专属于自己的经营经验。这百年发展史中，瓦伦堡家族的财富累积与保全有赖于与时俱进的实业扩张、广阔的政治人脉，但其金字塔型隔绝债务的公司架构、不断紧跟全球趋势变化调整的资产结构、通过基金会等方式传承财富的技巧，同样发挥着重要作用。

瓦伦堡家族的第一次扩张是在1877年瑞典经济衰退时期开始的，当时，SEB公司正陷入了流动性困境，为了挽救这些公司，SEB公司对部分企业进行"债转股"，瓦伦堡家族由此成为阿特拉斯·科普柯、斯堪尼亚等一大批公司的股东。到了十九世纪九十年代末，瓦伦堡家族已控制瑞典股票交易所上市公司百分之四十的股份，成为富可敌国的大财团。在瑞典的商业界，几乎没有哪件事情可以隔绝瓦伦堡家族企业的参与。

1903 年,瓦伦堡家族旗下的 ASEA 公司在瑞典市场受到了德国公司的威胁,瓦伦堡家族甚至成功游说瑞典政府将电力设备的进口税从百分之十提高到了百分之十五,从而成功击垮了德国公司。

瓦伦堡家族的第二次扩张也和大萧条有关,那是在 1929 年的大萧条时期,瑞典约有三分之一的公司都在这次大萧条中倒闭了,瓦伦堡家族以极低的价格购买了一些虽然暂时亏本但很有潜力的公司,帮这些公司渡过难关之后,这些公司开始为瓦伦堡家族赚钱,其中,瓦伦堡家族一克朗收购的阿斯特拉公司在 1998 年和英国制药公司合并后,一跃成为世界上第三大制药公司。

在 2008 年的金融危机中,瓦伦堡家族再次面临投资机遇,在危机中一样表现良好,由于有充裕的现金储备,银瑞达在 2008 年不断增持旗下各家公司股票,从 2007 年第二季至 2008 年第三季共为此出资五十九亿七千九百万瑞典克朗,由此不仅摊薄了持股成本,也稳定了旗下公司股价,保持了自身的资产稳定。

🪙 天下"财"经

故事中的瓦伦堡家族是世界上数得上的大财团之一。这类的组织不仅可以利用自己的资产生财,也利用其所控制的他人大量资本来获得高额的垄断利润。

财团中的核心是法人,在大陆法系中,法人分为社团法人和财团法人。财团法人制度的产生是从罗马时期开始的,真正确立是在欧洲中世纪时期,这个时期也是财团法人发展的最重要的阶段。十九世纪之后,大陆法系形成了大量的法典,在这些法典发展过程中,财团法人制度最终以法律形式确立出现。

财团具有很明显的特点,比如其原本浓重的家族色彩的淡化,由于大的财团都由单一家族转为多家族共同控制,所以财团变得更社会化而不仅仅是家族化;财团的实力非常强大,由于资本量的庞大,不只是控制一个行业的发展,而是遍及各个领域;财团尤其是大的财团对于国家的控制影响也越来越大。

财富名人堂

小西奥·阿尔巴切特及其家族(Theo Albrecht Jr & family):男,2013 年《福布斯》全球亿万富豪排行榜上排名第三十一名,净资产一百八十九亿美元。德国人,从事零售业。小西奥·阿尔巴切特和他弟弟贝特霍尔德,继承了德国折扣连锁超市阿尔迪集团和美国折扣杂货零售商乔氏超市。这两家私营连锁超市在 9 个欧洲国家和美国共设有五千多家门市,在 2011 年的营收预计为三百五十亿美元。

幸福指数
偷走长工的快乐

幸福指数,是一种心理的体验,衡量的是人们对自己生存和经济发展情况的感受和体验,也是在对生活满意的基础上所产生的一种积极的心理感受。

从前,有个财主,他家雇了一名长工。

这个长工心态很好,虽然寄人篱下为人奴役,但每天都开开心心的,总是乐呵呵地哼着小曲进进出出地工作。

再看看财主,虽然有很多钱,但他每天都愁眉苦脸、唉声叹气,见谁都笑不出来。

两相对比,财主的老婆不满意了,某天躺在床上对财主说:"你有那么多钱都高兴不起来,还不如那个穷小子呢!看来,你日子过得还不如长工!"

财主呵呵一笑:"想让他不高兴,那还不容易,你好好看着吧!"

当天晚上,在长工睡着之后,财主溜到厨房里,在灰仓里埋了九十九个大洋。财主心中暗想,明天一早,当长工看到这些大洋之后,一切都会变得不一样了。

第二天清晨,财主还没起床,长工就赶着驴车到灰仓里运草木灰去肥田。这是长工每天一大早的工作,他做得漫不经心,但就在这时,一堆白花花的银子从灰里露了出来。

"天哪!这么多钱,一定是老天爷可怜我,给我的赏赐!"长工四下看了看,发现没人看他,就将九十九个大洋拿出来,放到衣服里藏好带回房间。

他在房间里找了很久,终于找到一个自认为安全的地方,把钱全部藏起来。

这一天,长工一直在想,这些钱该怎么办呢?是先给自己娶个媳妇?还是买个耕牛,或者买块好地?要么先凑够一百大洋?

长工白天想完晚上还要想,有时候自己不放心,还会把钱从藏匿的地方翻出来,偷偷数一遍,看有没有少一个。

日子久了,财主家里真的没有长工的笑声和歌声了。

财主的老婆奇怪地问:"这个穷小子怎么不唱歌了?"

财主就将最近发生的事情一五一十地告诉了老婆。

财主老婆揪着他耳朵就骂："你这个蠢货，钱送到他手里，不是白白丢了吗？早知道你这么做，还不如听他唱歌呢！"

长工这边也难熬，他每天都在想那九十九个大洋，想得自己都快要崩溃了。

最后，他还是咬咬牙将九十九个大洋送到财主手中，说自己在灰仓里发现的。

交还了九十九个大洋的长工觉得心里如释重负，又恢复了往日的欢声笑语。

财主也很高兴，他不仅向老婆证明了自己的正确，而且也没有丢失银子。

天下"财"经

幸福指数的概念是由不丹国王最早提出并逐渐实践的，这一概念被称为"不丹模式"而受到世界范围的广泛关注。

在对幸福指数的研究中，涉及了哲学、社会学、心理学、经济学等各个不同领域，很多专家认为应当将其作为国家制订发展规划以及社会经济政策的一个重要的参考因素，这样可以促进 GDP 的增长，提高国民的生活质量。

由于不同的文化、年龄、民族对幸福的体验都是不同的，在一系列复杂的联系当中，有三个重要的影响因素：

一、个体安全感的体验，尤其是拥有大部分财富的富人们往往由于对其资产的不安全感而影响了幸福指数的高度。

二、每个人成就动机不同，对幸福的体验也是不同的。

三、不同的人群由于心理因素而有可能对幸福的理解都是不同的，其所体验到的幸福指数自然也是有所不同。

财富名人堂

乔治·索罗斯（George Soros）：男，2013 年《福布斯》全球亿万富豪排行榜上排名第三十名，净资产一百九十二亿美元。美国人，从事金融、对冲基金业。索罗斯基金管理公司和开放社会研究所主席，是外交事务委员会董事会前成员。他以在美国募集大量资金试图阻止乔治·布什的再次当选总统而闻名。

加盟
麦当劳的高速发展

加盟，是指参加某一个企业或组织，从而可以进入特定的商业领域的契约经济活动。

1937年，狄克·麦当劳与兄弟麦克·麦当劳在洛杉矶东部开了一家汽车餐厅。他们的汉堡味美价廉，深受消费者喜爱。虽然每个汉堡只卖十五美分，但年营业额仍超过了二十五万美元。

位于加州圣博纳迪诺、由麦当劳兄弟所开设的麦当劳创始店旧址，目前是一间由当地的餐厅业者所开设的美国六十六号公路（Route 66）纪念博物馆

随着汽车餐厅越来越多，麦当劳兄弟大胆进行特许经营，开始出售麦当劳餐厅的特许经营权。最初的一个加盟者仅花了一千美元就得到了特许经营权，但他得到的帮助也不过就是新建筑的设计、一周货款和快捷服务的基本说明，其他什么都没有。随后加入的十几家店都一样，他们随心所欲地改变麦当劳的味道，严重损害了麦当劳品牌的声誉。

在这样的情况下，克罗克找到了麦当劳兄弟俩，希望得到他们的支持，成为麦当劳在全美的唯一代理商。

麦当劳兄弟起初是不答应的："我们为什么要把这么大的权力下放给你一个人呢？"

"因为我能让你们赚更多。"克罗克当时只是一个纸杯和混拌机的推销商，但是对于麦当劳巨大的发展潜力，他比麦当劳兄弟还要清楚。当时美国小家庭日益普遍，家人一起出门的次数增多，生活节奏越来越快。克罗克知道，像麦当劳这样干净卫生、经济实惠、质量优良、方便快捷的快捷餐馆，一定会大受欢迎。

克罗克用自己的构想说服了麦当劳兄弟，当年他就成立了特许经营公司——麦当劳公司系统公司（1960年改名为麦当劳公司）。

克罗克在芝加哥东北部开设了第一家真正意义上的现代麦当劳特许经营店。该店展现了克罗克对快餐店的理解，他也希望将这个店作为样板。

对于加盟店，克罗克也不像麦当劳兄弟那样随意，他创造了QSCV的统一经营系统，所有麦当劳加盟店的汉堡种类、质量、价格都必须一致，甚至店面装修与服务方式也完全一样。加盟店使用的调味品、肉和蔬菜的质量都由总店（特许经营总部）统一规定标准，制作程序也完全一样。

克罗克加入麦当劳的两年后，麦当劳兄弟以两百七十万美元的价格将麦当劳全部转让给了克罗克，从此，麦当劳走上了以加盟方式快速发展的高速路。

天下"财"经

加盟的形式多种各样，通常有自愿加盟、委托加盟以及特许经营加盟。在所有的加盟形式中，共同的特点是所有参与及发起的企业都具有统一的经营理念、企业的形象识别系统、商品及服务，以及统一的经营管理模式，尤其是经营管理的标准性、独特性、专业性及简单性，都是影响一个连锁企业成功与否最重要的关键因素。

连锁加盟具有其鲜明的特点，比如一定要有一个商业特许权的拥有者，即连锁加盟的发起方，这个特许权拥有者可以以产品、服务、技术、专利、标示等作为加盟的特许权。发起方与参与方，必须签订法律合约以维持双方的合作关系。特许权拥有者必须给参与者提供一整套的经营系统并授权参与者使用其开创的商标、店名、产品等，而加盟的参与者则需要向特许权拥有者缴纳一定的费用以获得特许权的使用，并严格遵守其一系列规定的营运方式，不得擅自修改。

并购
波音收购麦道

并购,是两家或两家以上的企业、公司合并组合成为一家企业,或者由实力占优势的一家企业吸收另一家或者多家其他公司的过程。

获得诺贝尔经济学奖的史蒂格尔教授在研究中发现:世界最大的五百家企业全是通过资产联营、并购、收购、参股、控股等方法发展起来的。也就是说,一个企业如果只靠自己缓慢的资本累积,做大的可能性很小。

波音公司在 2009 年收购麦克唐纳—道格拉斯公司(简称麦道公司)的故事就能充分说明这一点。

波音公司总部

波音公司,于 1916 年在美国芝加哥市创建,建立之初以生产军用飞机为主,并涉足民用运输机。现在,其客户分布在全球九十多个国家。就销售额而言,波音公司是美国最大的出口商之一。作为美国国家航空航天局的主要服务提供商,波音公司还营运着航天飞机和国际空间站。

而被收购的麦道公司实力也不可小觑,公司初建时,业务仅限于轰炸机的设计,规模有限。二十世纪五十年代初,接受国家军事部门订货,获利颇丰。六十年代中期以后,还承包了外层空间计划、双系星座计划等,并把它用于制造军用飞机的技术转向生产民用飞机,主要生产 DC-9 和 DC-10 民用喷气式飞机。公司除生产军用和民用飞机、火箭、导弹外,还从事宇宙飞船电子系统设备、计算机、数据处理设备、微波真空设备、太阳能、风力发电设备等多种经营。1992 年资产为一百三十七亿八千一百万美元。

在1996年之前,世界航空制造业由波音、麦道和空中客车三家垄断,而在1996年之后,世界航空制造业就变成了波音公司和空中客车两家之间的超级竞争。造成这种现象的原因很简单,波音公司斥资一百三十亿美元并购了麦道公司。

这起并购案对空中客车来说,是极具威胁的,新的波音公司甚至对整个欧洲的飞机制造业都造成了严重的威胁,各国政府和企业都感到不安。1997年,欧洲委员会正式发表不同意这起并购的照会;同年7月,来自欧盟十五个国家的专家强烈要求欧洲委员会对这项并购案予以否决。

一时间,波音公司面临着巨大危机。最后,为了完成并购,波音公司不得不付出了三个代价以满足欧盟的需求。

代价一:波音公司统一放弃三家美国航空公司今后二十年内只购买波音飞机的合约。

代价二:波音公司接受麦道军用项目开发出的技术许可证和专利可以出售给竞争者(空中客车)的原则。

代价三,同意麦道公司的民用部分成为波音公司的一个独立核算单位,分别公布财务报表。

1997年8月,距离提出并购已经过了一年半,波音公司终于被欧盟批准并购麦道,至此,世界航空制造业两霸相争的新格局正式开启。

天下"财"经

企业的并购是非常复杂的专业投资,在国际上被称为"财力与智力的高级结合",不仅如此,并购在高收益的同时也伴随着高风险,比如融资的风险、经营的风险、债务的风险、法律的风险及违约的风险等。

并购行为的产生根本是源于企业的进一步发展和扩张的需要,尽管会有很多不确定因素和风险存在,但是通过并购可以让企业优势结合,规避不足,以实现企业的持续发展。

对企业来说,选择并购通常是源于以下几个原因:

一、要提高市场占有率,从而提升行业内的地位。

二、为了扩大生产经营的规模从而降低生产成本。

三、为了争取廉价生产原料和劳动力,从而增强企业的竞争力。

四、取得先进的技术、经验、专业人才及网络来实现本企业发展目标。

五、提高企业知名度以获得高额的利润。

六、通过并购可以实现跨界经营和企业的多元化发展,从而分散投资人的投资风险。

财富名人堂

　　阿尔瓦利德·本·塔拉勒·阿苏德王子(Prince Alwaleed Bin Talal Alsaud):男,2013年《福布斯》全球亿万富豪排行榜上排名第二十六名,净资产两百亿美元。沙特阿拉伯人,从事金融、投资业。沙特已故国王法赫德的侄子,他是石油王国沙乌地阿拉伯的一名王储,富可敌国。可是他却雄心勃勃投身商界,自己创业,做的却不是沙特传统的石油生意,而是广泛投身其他的商业领域。

境外投资
新型定投产品

境外投资，是投资者通过购买货币、实物、证券、技术、股权、债权及资产等，获得境外的资产所有权、经营管理权和其他权益的经济活动。

秦先生最近收到了一则短信，内容是说，目前有一种投资海外的基金，投资人只需要每年投入五万元，在二十年后就能得到四百五十万元的回报。

朋友们都说这肯定是个骗局，但秦先生还是想去了解一下，就约朋友一起到了一栋办公大楼内。

发短信的这家公司坐落在著名的办公大楼内，公司装修得十分豪华。员工大部分都是理财师，他们的工作就是不停地向客户推荐他们的高收益理财产品。

接待秦先生的理财师介绍说，公司发短信介绍给客户的产品是一种定投理财产品，投资者每个月都需要投入一定的资金，这些资金会托付给瑞士的一家金融机构，这家金融机构会根据用户的需求将资金进行分散投资，涉及领域包括债券、股市、商业等各个行业。

陪同秦先生前来的朋友也是从事投资行业的，他听完介绍后问理财师说："你们的产品收益率大概是多少？"

理财师介绍道："我们公司主推的产品一共有四款，预计收益率最低的产品是百分之十，最高的会超过百分之二十五。虽然在三五年内可能会有一些动荡，但是如果长期持有，一定会维持这个收益的。"

秦先生点点头表示了解，问理财师："如何购买你们的产品呢？"

"这个很简单。"理财师拿出公司产品流程图讲解说，"您如果选择了我们的产品，需要先在我们规定的瑞士银行开个账户，将资金转到境外后，负责具体操作的瑞士金融机构就会按照您的要求进行组合投资了。"

出了理财公司，朋友对秦先生说："这家公司其实就是一家独立第三方理财机构，像这样的公司，市场上有很多。他说的分散投资和组合投资都是有道理的，但这并不意味着没有风险。"

听到风险，秦先生立即警惕起来："都有什么风险？"

"首先，你要把资金转移到国外去。"朋友介绍说，"资金一旦出境，就不再受我们国家法律的保护,一旦有纠纷存在,你就会很被动。另外,收益率也是个问题,在投资界中,二八定理也是存在的,也就是说,投资行业里,永远只有百分之二十的人在赚钱。那个理财师许诺给你的收益率根本就是不可靠的。"

秦先生恍然大悟,拍拍朋友的肩膀说:"幸好带你来了,要不然,理财师那么热情的讲解,说不定我今天就把钱放他们这里了。"

🪙 天下"财"经

进行境外投资的投资者通常是两类组织机构,一类是国家政府性质的投资机构,另一类是国家内部控股的投资机构的境外企业。境外投资最主要的目的是通过获得境外资产的经营管理权、资产所有权及其他权益后,可以在境外进行生产、研发、销售和经营,从而获取企业利润。

境外投资的种类繁杂,投资领域遍及各类经济领域,对于境外投资的方式,主要表现为投资目标的多元化、投资地区的多样化、投资主体机构的多元化及投资方式的多元化。

由于国民经济建设还需要大量资金的支撑,政府会引导国内企业进行境外投资,一个方向是对资源开发领域的投资;一个方向是对不同产业领域的投资;以及投资继续推动服务业的发展;还有就是吸收先进的境外技术,采用多种投资方式来实现本国企业的有序发展。

财富名人堂

郭炳联(左)、郭炳江:男,2013年《福布斯》全球亿万富豪排行榜上排名第二十六名,净资产两百亿美元。香港人,从事房地产开发业。新鸿基地产发展有限公司董事局联席主席兼董事总经理,也是三号干线(郊野公园段)有限公司主席、IFC Development Limited联席主席、新意网集团有限公司执行董事及东亚银行有限公司独立非执行董事。

先动优势
西楚霸王第一次杀人

先动优势,是指在市场竞争中,利用新技术的研发应用而率先进入市场的一方相比后进入市场的其他各方更具有竞争优势。

公元前 29 年,对后来的西楚霸王项羽和他的叔叔项梁而言,是个改变命运的一年。这一年,他们为了躲避仇人的追杀,逃到了吴中。

吴中的郡守叫作殷通,对项梁很钦佩。他一听说项梁到了自己的属地,立即派人把项梁请到自己的府上。

项梁让自己的侄子项羽跟自己一同前去,要知道,再也没有比项羽更称职的保镖了,这个八尺有余、力能扛鼎的年轻人不管站到谁的面前,那个人都会畏惧地向后退。

到了殷通家,项梁自己走了进去,叮嘱项羽在门口守着,一旦发生不幸,项羽可冲进来拯救自己或者逃跑。

来到会客厅,殷通激动地上前搀住项梁:"项兄,久仰大名,终于得见。"

项梁也应和了几句。

落座之后,殷通问项梁对当今时局的看法,项梁也不客气,直接说出自己的观点:"现在江西一带都已经出现了反抗秦朝暴政的起义军,这不是他们的错,这是天要亡掉秦朝。每个有志之士都应该抓住时机揭竿而起,要知道先发可制人,后起就可难制于人了。"

殷通叹口气说:"您是楚国大将的后代,是能成大事的人。我想请您和桓楚一起来统率我手下的部队,不知您意下如何?"

项梁不想做殷通的下属,但他没有表露,只是淡淡说:"只怕我是有心无力,桓楚触犯了秦朝的法律,至今仍在出逃,谁都不知道他在哪里,只有我的侄子项羽知道。"

"项羽在哪里?"殷通大喜,追问项梁道。

"他有跟我一起来,就在厅外,我这就叫他进来。"说着,项梁就要站起身来。

"不需您亲自去,我派人请令侄进来吧!"殷通试图阻止项梁,但没有成功。项梁有自己的打算,不可能让他去接触项羽。

"我的侄子生性害羞,还是我去亲自接他吧!"项梁的语气很坚定,殷通也不好意思再阻拦,只好让项梁去叫项羽。

走到厅外,项梁对项羽讲述了自己在会客厅里经历的一切,他对项羽说:"如今谁先起义,谁就有可能是将来的君主,我们不能让殷通先起,现在唯一的机会就是杀掉他,带走他的士兵。"

项羽点头同意,于是两人进入会客厅中,殷通刚要站起来迎接项羽,就被项羽拔剑砍掉了脑袋。

项羽拿着殷通的脑袋走出大门,高声向殷通手下的士兵宣布,自己和叔叔将带领他们正式起义!

天下"财"经

先发制人,首先取得兵权,对项羽日后成为西楚霸王的意义重大。而在市场竞争中,也存在着先发制人,被称为先动优势。

"先动优势"的概念是 Robinson and Fornell 在 1985 年提出的,认为先动优势的表现主要是:技术专利及技术的领先可以让企业快速确立行业内的引领地位;资源的获取,先动企业的品牌、企业文化都更容易被市场所接受和认可,并最终形成企业的无形资产;先动企业由于抢先开发了市场,快速取得了市场的占有率,所以可以在低成本的优势下提高企业的经济效益,从而使企业实现可持续的健康发展。

在市场竞争中,先动优势并不是一直都存在,只有在相较于后动企业时,先动企业才存在优势,所以只是一个相对的时间领先的概念。

因为企业与企业之间的竞争主要是体现在资源占用、核心技术与经营环境上,当后动企业也提高了生产技术,争取了市场资源,在相同的市场环境中,就缩小了两者之间的差异,此时先动优势也就不存在了。

由此可知,先动企业只有持续创新才能继续保持其竞争优势。

财富名人堂

卡尔·伊坎(Carl Icahn):男,2013 年《福布斯》全球亿万富豪排行榜上排名第二十六名,净资产两百亿美元。美国人,从事金融、杠杆收购业。1985 年,因对环球航空公司漂亮的恶意收购,伊坎成为"企业掠夺者"的代言人。伊坎的主要法宝就是恶意收购看中的公司,之后推进公司管理或经营策略的改革,让公司股票在短时期内快速上升,然后套现。

公共信息

美联储的新衣

公共信息，指的是所有参与市场经营的企业组织及个人都可以自由获得的信息。

从前有个国王，他明明什么都没有穿，却还以为穿得很漂亮。当他巡游时，民众有的不明真相，有的害怕说出真相被报复，因此都对国王的行为视而不见，直到围观的两个孩子说出了真相，才让这场闹剧得以落幕。

这个故事原本只存在于童话中，但经济学家詹姆斯却在电视专访时提出，这个故事也真实地发生在现代社会中。

"这个故事是说人性的丑恶和民众的从众心理，它涉及的是社会学领域，您是把目标转移到了社会学领域吗？"负责采访的主持人说。

"你理解错了。这个故事不仅仅是表现在社会学领域，它同样可以发生在经济学中，只不过在经济学中，它就有了新的解释。

早在 2008 年之前，全球就有十几位经济学家预测到金融危机将要发生，但是他们的观点没有得到民众的认可和重视。

在这十几位经济学家中，来自奥地利的米塞斯，很早就嗅到了金融危机的味道，他对民众说，金融危机一定会因为房地产泡沫而爆发，而这一系列危机的制造者就是美国联邦储备委员会（Federal Reserve Board，全称 The Board of Governors of The Federal Reserve System，简称美联储）。

美联储作为美国的重要金融机构，向来行事独立，它利用低利率造成了高杠杆化、投机操纵以及日益增多的负债，误导了很多的民众。就像"国王的新装"里那两个为国王裁制新衣的裁缝，他们不让国王及民众看到真相，用'不聪明的人便看不到衣服'的说法掩盖了没有衣服的真相。美联储也用'自由市场存在弊端'的借口，让民众看不到真实的经济状况。

事实上，这十几位经济学家认为市场是没有问题的，只是美联储的干预，让经济出现繁荣的假象，导致了房地产泡沫的加速形成和破灭。而面对金融危机，总得有人站出来承担责任，于是，市场就成了替罪羊，人们没有责怪美联储，没有责怪政府，只是默默忍受着。人们以为，大危机和大萧条，并非日积月累的通货膨胀所致，而是资本主义国情和自由市场的固有缺陷所致。"

采访的最后,詹姆斯总结说:"美联储这些年的所作所为很像是皇帝的新装,什么都没穿,却自以为穿得非常漂亮。而对于它的丑恶,周围的人也是睁一只眼闭一只眼,无意中更放任了它的所作所为。但是,不管多久,美联储这一透明外衣肯定会被人们撕下来,继而所有人都能看到它丑恶的内在。"

🪙 天下"财"经

故事中经济学家所说的"美联储的新衣"在某种程度上也可以看作是公共信息的营造。公共信息指的是所有参与市场经营的企业组织及个人都可以自由获得的信息。美联储将大家所能获得的全部公共资讯都引向到"自由市场"的固有缺陷中,就将原本可能会指向它的言论都转移了方向。

在激烈的市场竞争当中,对于市场需求信息的掌握程度从很大程度上成为决定一个企业成功或是失败的关键所在。

著名经济学家罗伯特·维里克查尔提出,"当包含信息集合 A 的市场被认为有效时,在每个市场参与者所能利用的信息中,只有信息集合 A 才能使市场参加者产生共同的市场认知,这就是所谓的公共资讯"。

公共信息从市场的角度发挥了调节资源分配及指导市场运行的功能,能有效促进市场的理性健康运行,但同时也直接影响了市场的风险调控。因为随着公共信息的传播,市场的所有参与者慢慢倾向于通过了解公共信息来规避风险,从而自给自足,这样直接使得市场对参与者不再具有刺激,也就降低了市场效率。

财富名人堂

戴维·汤姆森(David Thomson):男,2013 年《福布斯》全球亿万富豪排行榜上排名第二十五名,净资产两百零三亿美元。加拿大人,从事传媒、网络服务业。2006 年去世的传媒大亨肯尼思·汤姆森的儿子,他在生活中极其节俭,甚至让他的妻子替他剪头发以省钱。

信息经济
价值五百万的一句话

信息经济,是指在以现代高科技创新为基础的市场竞争中,通过产业的信息化和信息的产业化发展而形成的知识及信息竞争的一种新兴经济模式。

故事发生在 1950 年,美国对华政策研究室接到了一个秘密的情报,情报是由德林软件公司发出的,这个公司集中了当时一批世界上最一流的科学家,他们经过大量的计算得出一个答案。这个答案是专门针对"如果美国出兵朝鲜,中国会秉持什么态度"这个问题回答的,而这个问题也是美国对华政策研究室最为关注的。

遗憾的是,德林软件公司发出这个情报之后,并没有引起美国政府的重视,据说这个情报只有一句话,但科学家们却开价五百万。因为这个昂贵的价格,美国当局对这个情报嗤之以鼻,觉得科学家们也想趁战争发笔横财。

后来在朝鲜的战争中,中国出兵朝鲜,美国内部开始辩论"出兵朝鲜是否真的有必要"这一问题。就在这个时候,在野的共和党想起了德林软件公司时过境迁的那个情报,虽然已经没有太多的价值,但是共和党还是以两百八十万美元的高价买下了这个研究成果。

这个价值二百八十万美元的研究成果如科学家们之前说过的一样,只有一句话:"中国将出兵。"

当然,这句话之后还有长达三百二十八页的分析资料作为这个结论的附录,详细分析了得出上述结论的原因,并以极其丰富的历史资料和数据分析作为依据,让每个看过的人都很清楚地认识到:如果美国出兵朝鲜,中国一定不会坐视不管,他们会立即出兵。而且附录中的资料也详细告诉阅读者,一旦中国出兵朝鲜,美国一定会以不光彩的

中国人民志愿军于 1950 年 10 月 19 日,秘密跨过鸭绿江,赴朝鲜参战

177

姿态退出战场。在实力悬殊的当时，哪怕中国和美国打成平手，美国也算输了。

事实证明，这句价值五百万美元的情报物超所值。

后来，记者问麦克阿瑟将军："您对于这个研究成果有什么看法？"

麦克阿瑟将军沮丧地说："我们最大的失败就是，我们舍得几百亿美元，也舍得数十万美国军人的生命，却吝啬地没有接受一句区区五百万美元的忠告。"

这之后，"区区五百万美元的忠告"被德林软件公司当作自己的座右铭，这句话同时也是"智慧就是财富"的最好注释。

天下"财"经

一句话可以被卖出五百万美元，这就说明了信息经济的重要性。最早提出"信息科技"概念的是美国的经济学家马克卢普教授，他率先提出"知识产业"概念并提出这个概念由教育、科技研发、通信媒介、资讯活动及设施等几方面的内容组成。

信息经济的特点和作用主要有：

一、信息经济可以有效地与信息开发及应用相结合，可以极强地渗透产业和市场的发展，例如微电子技术的快速兴起及市场的广泛应用，这一系列发展迫使信息经济的结构特征越来越明显。

二、信息经济属于知识和技术密集型的企业结构，可以将人类从繁重的体力劳动中解放出来而获得全面的发展，其产业结构是低耗高效型的，可以极快地促进生产率的提高。

三、信息经济的能源是可再生的，消费是多元化的，而其经济体制结构则是分散的，是由智力劳动型人群所参与并推动发展的。

财富名人堂

李兆基：男，2013 年《福布斯》全球亿万富豪排行榜上排名第二十四名，净资产两百零三亿美元。香港人，从事多元化经营业。曾获得亚洲股神荣誉。从二十世纪七十年代中期开始，他先后收购了中华煤气、香港小轮以及美丽华酒店集团的控股权。到 1996 年，中华煤气的用户发展至近一百二十万户，股东溢利也从一亿五百万元增至十九亿四千六百万元。此外，香港小轮和美丽华酒店等企业也获得了新的发展。

经济一体化
NIKE 的扩张

经济一体化,是指两个或两个以上的国家通过政府与政府之间协商的条款,组成的经济联盟。

众所周知,世界经济在目前的社会越来越趋于一体化。在这样的大环境下,谁掌握了广阔的海外市场,谁就几乎能立于不败之地,NIKE 公司的运动鞋就是在经济一体化的环境下,充分占据海外市场的典型代表。

NIKE 公司的创始人叫菲尔·奈特,早在 1972 年,他就已经是颇具商业头脑的年轻人了。当时俄勒冈州立大学体育教授威廉·德尔曼设计了一种很有弹性而又能防潮的新型运动鞋。很多人听到了这个消息但却没有给予过多的关注,菲尔·奈特和别人的反应不同,他第一时间到了威廉教授的办公室,和教授洽谈合作事宜。

威廉教授是典型的知识分子,和菲尔·奈特不同的是,他表现得十分冷静:"你怎么会想到要将这种鞋子商品化?"

"难道您设计的初衷不是方便人们运动的?"菲尔·奈特疑惑地问。

"当然是,可是我没想到你会想将它量化生产。"威廉教授解释说,"毕竟这种鞋不是传统意义上的工作鞋,它能被穿到的机会很少,并且这种鞋子的原料比较昂贵,谁会花这么大的价钱买一双自己并不会经常穿的鞋子呢?"

"我不这么认为。"菲尔·奈特摇头道,"现在人们的生活水平不断提升,运动肯定会持续地受到人们的重视。据我所知,即便是现在,也有很多的中产阶级将晨跑当成每天的健身活动。这样来看,一双好鞋恰好是他们需要的。"

威廉教授想了想,承认菲尔·奈特说得有道理,但他还是有自己的想法:"你说的现象的确存在,但是愿意健身的美国人再多,你这仅仅一双鞋子又能赚到多少钱呢?"

"教授先生,"菲尔·奈特笑了,"您能生产出一双鞋子,难道不能生产出第二双吗?并且,如果鞋子的销量够好,我们还可以开发出时尚、轻薄的健身衣。更何况,我们的市场不会仅仅是美国这么大,全世界的人都有可能使用我们的产品。"

菲尔·奈特说服威廉教授之后,就开始着手策划 NIKE 运动鞋的销售。和他设想的一样,健身很快成为美国人民的生活习惯,NIKE 鞋也随之成为人们的生活必需品。

当美国市场被彻底开发后,菲尔·奈特又将目光放到全世界。

在全球化的进程中,日本和欧洲市场是菲尔·奈特首先考虑的范围,他认为,只要"攻占"了这两个市场,其余的市场都不在话下了。

在日本和欧洲,菲尔·奈特利用"NIKE鞋"这张名牌与各国谈判建厂,依托各国当地的廉价劳动力和原料物资,运用NIKE的精美设计和先进技术,生产NIKE鞋。这样,一来可以避开"进口商品"这一关,躲过高关税的限制;二是可以用本地原料、劳力,又省了远洋运输的费用,成本自然就降低了,价格便能适合该国人民消费。

就这样,NIKE产品进入了日本和欧洲市场。

到了二十世纪八十年代中期,NIKE鞋又引进到中国等发展中国家,大受第三世界人民的欢迎,就这样,"NIKE"一步步地走向了全球各个角落。

天下"财"经

经济一体化中,在经济联盟区域内,商品、资产和劳务都能实现自由的流动,相互的贸易壁垒被打破,由统一的机构来监督执行当初所协商的政策规则,从而使得整体经济达到结合增长,提高在国际经济中的地位。

NIKE产品之所以能在全球流行,很大程度上就是解决了经济一体化中的"关税"壁垒问题。

经济一体化既有世界整体的经济一体化,也同时有相对小范围的区域经济一体化,而经济一体化所结合的形式也由于国家地区间不同的经济状况及参与目标而变得多样:有最初级的免收关税的自由贸易区,也有国家间为消除贸易壁垒而建立的关税同盟,还有贸易市场一体化的共同市场,以及最终实现的经济联盟。

经济一体化的发展既推动了经济全球化的发展进程,同时也促进了国际贸易的发展,还在很大程度上促进了区域内经济发展水平的提升。

财富名人堂

米歇尔·费列罗(Michele Ferrero):男,2013年《福布斯》全球亿万富豪排行榜上排名第二十三名,净资产两百零四亿美元。意大利人,从事食品加工制造业。家族企业费列罗公司唯一首席执行官,旗下品牌包括金莎巧克力、健达奇趣蛋和能多益(Nutella)榛果酱,是全球第五大巧克力糖果商。这家公司经营着十八家工厂,在全世界有超过两万一千名员工。

国际贸易
不需要铁矿的炼钢术

国际贸易，指的是不同的国家或地区之间所进行的商品或劳务交换和转移的经济活动。

一天，国王接见了一位发明家。

发明家说："国王陛下，我有一种成本极低的炼钢方法，可以不需要投入工人和铁矿，只需要小麦即可，希望国王陛下能支持我。"

钢铁在这个国家的应用十分广泛，如果真能如发明家所言，那将会降低许多成本，并且能使国民的生活水平大大提升。

国王很高兴地答应了发明家的请求，同意提供给他小麦。作为回报，发明家得回馈一定比例的钢铁。

同时，发明家向国王提出一个要求："由于这项发明属于我的专利，所以我不能让别人看到我的炼钢过程，我需要您为我提供保密的环境。"

国王也一口答应了。

就这样，发明家开始在国王提供的秘密场所开始炼钢，发明家的技术也确如国王所想，大大降低了市场上很多商品的成本，老百姓生活水平也有所提升。但也有人不高兴，那就是炼钢厂的工人们，自从发明家的工厂开业以来，他们就失业了，因为发明家炼钢不需要工人。

失业工人中的一部分成了农民，种植发明家需要的小麦；另一部分则加入了新行业。这个国家的每个人都安居乐业，就他们看来，随着科技的发展，有一部分人因为劳动力被科技取代而失业是很正常的事情。

就这样过了很多年，终于有个报社的记者按捺不住心底的好奇，偷偷进入发明家的炼钢厂，想报道这个神秘的炼钢过程。

但当他偷偷潜入发明家的炼钢厂，才发现所谓的发明只不过是个骗局，发明家的炼钢厂中根本就没有炼钢，他只是偷偷地把小麦运到别的国家，再用卖小麦的钱买钢铁运回来交给国王，在国际贸易中获取私利。

后来，记者用几个版面报道了自己的所见所闻，国王下令取缔发明家的"炼钢厂"。

这样一来,那个倒霉的发明家被关进了监狱,钢铁价格上涨了,炼钢厂的工人又回到自己的工作岗位,国民生活水平也退回到原本的水平。

天下"财"经

国际贸易主要分为进口贸易和出口贸易,所以国际贸易有时也被称为"进出口贸易"。国际贸易的本质是商品和劳务的交换,和一个国家内部的贸易活动并没有本质的不同,只是因为在不同的国家或地区之间进行,因此有其特别之处。

主要表现在:

一、国际贸易容易受到交易双方所在国家或地区的政治、经济、国际局势等多方面的影响。

二、由于不同国家或地区的政策和法律有比较大的差异,所以在交易过程中的复杂性更强。

三、除了交易双方的人力之外,还涉及运输、海关、保险等其他领域的参与和影响。

四、国际贸易的金额和数量通常比国内贸易要大得多,由于交易距离的关系,其交易时间也比较长,所以由此带来的风险也比一般的交易要大得多。

国际贸易按照不同的划分标准可以分为不同的类型,也涉及庞大的营运体系,尽管因此承担了更多的风险,但仍然是经济市场不可或缺且日渐壮大的一个领域,因为国际贸易是各个国家参与在全世界进行的商品劳务整合及再分配的一个主要方法。

财富名人堂

穆克什·安巴尼(Mukesh Ambani):男,2013年《福布斯》全球亿万富豪排行榜上排名第二十二名,净资产两百一十五亿美元。印度人,从事石油化工、石油开采、天然气业。2007 年,他因其持有的信诚工业集团公司股价暴涨而跃升为全球首富。2011 年 10 月 28 日,他因顾虑到风水不佳而弃住世界最昂贵的二十七层豪宅,再度成为焦点。

第五章

富人必须掌握的财富规律

大城市效应
地下室女主角

大城市效应,是指大城市的中心化越来越明显,规模和辖区范围也在不断增大,在增加了很多机遇的同时也带来了很多将要面临的挑战和危机。

在中国最重要的城市——北京,有这样一群人,他们离乡背井,住在地下室或简陋的出租房中,这些人有着高学历,最重要的,是心怀美好的梦想,坚信自己总有一天会过着不一样的生活,他们被称为"北漂"。

齐青也是北漂中的一员,和很多年轻人一样,她是带着梦想来到北京的。虽然梦想很丰满,但现实却很残酷,来到北京之后,影视院校毕业的她却没有得到过一次试镜机会。每天除了在地下室中等待电话外,就是和周围的人聊天,在谈论梦想的过程中得到些许安慰。

在聊天中,齐青结识了一个表演系的男孩,他和齐青一样,也希望自己能在北京闯出一番事业。

两个年轻人日久生情,在日后的三年里,齐青和男孩住在一起,不同的是,在这三年中,她一直尝试接触其他的工作机会,靠当上班族的薪水养活自己,闲暇的时候,她也会留意试镜机会,等待幸运女神的降临。

而她的男朋友,和三年前一样,还是一心一意地寻找着试镜机会,任何别的机会都不想去尝试。

一天晚上,男友认真地对齐青说:"你坐下来,我有事情跟你商量。"

齐青心里一阵狂跳,两人相处这么久,她也考虑过,也许两人该结婚了,当不当演员,是不是能够一举成名天下知,在这些时光面前都已经变得不重要了。

她微笑地看着男友,男友却吞吞吐吐地开口了:"我想过了,在北京太累了,等了这么多年,还是等不到一个机会,你要不要考虑和我一起离开北京,到小城市里结婚生子。"

齐青诧异地看着他,虽然等到了自己想要的结果,却不是自己最想要的,她一时间也不知道该如何回复男友。

男友看她犹豫的表情,也没有强求,只是默默地开始收拾自己的衣物。两个年轻人就这样选择了分手。

齐青度过了自己人生中最难过的一段时光,但她还是像往常一样上班、等待。

机会属于有准备的人,终于幸运女神降临了。齐青获得了一次试镜机会,她顺利通过了试镜,成为知名导演的御用女主角,所有她想要的都蜂拥而来。

在成名后第一次的专访中,主持人问她:"你为什么能够坚持到现在?"

她平静地讲述了自己的故事,说在地下室的那段时光是她认为最美好的时光,正因为她知道自己总会变得更好,才撑过了那么艰难的日子。她从不后悔自己来到了北京,这座精彩纷呈的大城市给了她最重要的人生体验。

天下"财"经

所谓大城市,指的是经济较为发达、人口较为集中的城市,通常也是国家政治、经济和文化的中心。

人们在选择工作和居住的城市的时候,往往会趋向于大城市,从积极的方面来看,大城市的教育水平更高,接受教育的范围要更广;大城市的医疗条件和医疗选择性更强;大城市的企业更多,就业机会和创业的机会都更多,商业机遇也就更多;大城市的公共设施以及人民保障都比小城市优越,于是也就带来了更为优质的生活质量和更为宽阔的眼界。

同时,在大城市获得了那么多优势的前提下,人们蜂拥而至,给大城市也带来了新的挑战,比如人口增加造成的社会人力资源的压力;商业的集中造成环境的污染,大城市的环境质量跟小城市是没办法相比的;而大城市的中心化也造成了房价的飙升,给老百姓带来巨大的压力。

财富名人堂

谢尔盖·布尔(Sergey Brin):男,2013 年《福布斯》全球亿万富豪排行榜上排名第二十一名,净资产两百两十八亿美元。美国人,从事网络服务业。Google 公司的创始人之一,目前是 Google 董事兼技术部总监。他出生在俄罗斯,在他与拉里·佩奇合作建立 Google 之前,他一直学习计算机科学和数学。

彼得原理
失职的领导

彼得原理,指的是在一个等级制度中,每一个员工都趋向于晋升到他所不能胜任的职位。

在一家建筑公司的吊车组,奥克曼是公认的最出色的吊车司机,无论是操作吊车还是排除机械故障,他都是一把好手。在公司里,他说自己的技术是第二,就没人敢说自己是第一。

正因为奥克曼技术的高超,他所在吊车组的组长逐渐引起了公司高层的重视,被提升为科长,这样一来,组长的位置就空出来了。

以前的组长,也就是现在的科长找奥克曼谈话说:"现在的情况,你也是了解的。组长的位置已经空出来了,你有没有兴趣担当此任?"

奥克曼对自己目前的职位相当满意,不想搞那些办公室斗争,只想把自己的车开好。于是他对科长说:"我还是比较适合做技术层面的工作,管理还是留给有能力的人去做吧!"

科长很不满意:"你回去再好好想想吧!我这次的提升,也是因为你在工作中的卓越表现,如果我提升了,而你还在原来的位置,你让那些同事怎么想我呢?"

奥克曼犹犹豫豫地答应了,回家和妻子商量。妻子很满意这次的提升,她对奥克曼说:"你最好去接受这个职位,如果你获得了这个职位,我就可以凭借你的职位去申请妇女协进会主席的职位。并且,如果你得到了这个职位,家里的车、房都可以有所改善,儿子一直想要的迷你摩托车也可以不费力地买了。"

奥克曼听了妻子的话,又想想科长的话,决定接受这个职位。

几个月后,医院给奥克曼的妻子打来电话。原来,奥克曼升任组长以来,经常会有应酬,生性坦诚的奥克曼禁不起别人劝酒,每天都喝到酩酊大醉,短短几个月就因为胃溃疡住进了医院。

在医院里,难得闲下来的奥克曼和妻子回顾了这几个月发生的变化,奥克曼说:"我真的不适合组长的职位,我只擅长和机器打交道。我在工作中常常指挥出错,以前的同事们都在背后议论说,我们吊车组少了一个优秀的司机,多了一个糟糕的组长。"

奥克曼的妻子缄默了,这几个月,奥克曼过得非常不开心,每天工作时间冗长而且回到家就脾气暴躁,两人在这几个月中最常见的状态就是彼此指责和争吵。

奥克曼握着妻子的手:"让我回去做个普通的司机吧!虽然赚钱少点,可是我们过得很快乐。"

妻子思索良久,最终还是无奈地点了点头,同意了奥克曼的请求。

天下"财"经

彼得原理是由美国著名的管理学家劳伦斯·彼得在进行大量实践后总结提出的,指的是"在一个等级制度中,每一个员工都趋向于晋升到他所不能胜任的职位"。由于彼得原理的提出,一门新的管理科学开始被世人所重视——层级组织学。

在企业的组织体系中,每一个员工都有机会最终达到一个所谓的"彼得高地",而到达此处时,该员工将不会再具有晋升的空间,而如何到达这个彼得高地,通常靠的一个是裙带关系或者熟人的推动,另一个则是自己的努力进步,但在实际的企业中,使用前一种方法的人是更多的。其实一个员工的工作成绩与职位高低没有绝对必然的关系,我们或许都有过类似的经验,一个技术高手晋升到技术主管却无法让部门有更大发展,一个销售人员也不一定能胜任销售主管的管理工作。

彼得原理使得很多企业开始真正关注企业内部晋升管道的设置,发现企业内部其实只有两类人,一类是能胜任现有工作,但基本已经不具备上升素质的,就该安排其做好本职工作;另一类是不但可以很好地胜任现有的工作,同时还具备自我学习、自我反省以及自我提升的素质,这类人具备晋升的可能,企业应花更多的力气去培养第二类人才,才能真正实现企业人才优化。

财富名人堂

拉里·佩奇(Larry Page):男,2013 年《福布斯》全球亿万富豪排行榜上排名第二十名,净资产两百三十亿美元。美国人,从事网络服务业。Google 公司的创始人之一,2011 年 4 月 4 日佩奇正式出任 Google 的首席执行官。他从六岁就开始热衷于计算机,是美国密西根大学安娜堡分校的毕业生,拥有理工科学士学位。

季芬商品
天价算命

―――――――――――――――――――――――

季芬商品，指的是在其他因素都不变的情况下，商品的价格上升，反而造成需求购买量增加，而价格下降时，需求购买量反而下降的商品。

有一个人，他"生于北京，长在豪富之家"、"祖宗无犯法之男，亲族无再婚之女"，且他本人也是"行事谨慎，非理不为，非财不取"。这样一个人，怎么看都和"盗匪"扯不上关系，但他却活生生地被逼上了"梁山"，原因很简单，因为宋江和吴用盯上了他，他就是河北麒麟卢俊义。

日本画家歌川国芳所画的玉麒麟卢俊义

话说卢俊义被梁山上的人盯上后，智多星吴用就给宋江出了个主意，他说自己将要去给卢俊义算命，算命之后，就能让卢俊义乖乖地上梁山。宋江听完吴用的整个计划后，觉得可行，就让他带着李逵下山执行计划。

吴用打扮成一个道士，李逵则扮作他的道童，两人来到卢俊义的店铺门口招揽生意。

在遇到吴用的那一天，卢俊义正好在自家的当铺心满意足地看着伙计们为他忙里忙外。

突然，他听到了吴用的吆喝声，就找来自家的伙计问："外面是何人喧哗？"

伙计回答说："一个算命先生，是从外地来的，他说自己算卦极准。"

卢俊义嗤之以鼻："这样的人

每年不知道有多少，我还当是什么新鲜事。"

"确实也有新鲜事。"小伙计说，"别人算命，几文钱就够了，这个道士算命却要一两银子。"

在描述卢俊义的反应之前，我们先来了解下一两银子在当时的购买力。《水浒传》中林冲风雪天夜宿山神庙之际，陆谦在李小二店里招待管营和差拨时曾拿出一两银子，要求是"取三四瓶好酒来，客到时，果品酒馔只顾将来"；吴用让阮小七用一两银子买了一瓮酒、二十斤生熟牛肉、一对大鸡；在戴宗和杨林请石秀吃饭时，杨林也拿出一两银子给酒保说："不必来问，但有下饭，只顾买来予我们吃了。"按照这个消费水平，一两银子也就是相当于现在一百美元的购买力。

让我们回到故事本身，卢俊义一听说道士算一次命要一两银子，就对伙计说："敢要这么多钱，这人要么是个骗子，要么是有真才实学的，请他进来。"

至于后来卢俊义如何被骗上梁山就不在本故事探讨的范围内了。我们所要探讨的是，当吴用听到卢俊义愿意见自己时，心里就知道自己的方法管用了，他用特殊的定价方式打动了卢俊义。

教书先生出身的吴用一不小心用了一个现代经济学上的原理——季芬效应，具有这种效应的商品被称为季芬商品。

🪙 天下"财"经

季芬商品是十九世纪由英国著名经济学家罗伯特·季芬根据爱尔兰马铃薯的销售情况进行研究时发现并提出的，指的是在其他因素都不变的情况下，价格上升，反而造成需求购买量增加，而价格下降时，需求购买量反而下降的生活必需品。

实际上，季芬商品并不是一种真正的商品，而是一种经济现象，由于是生活必需品，当价格上升时，老百姓担心将来会买不到，所以需求购买量反而增加，而价格下降后，人们知道肯定不会缺货，所以也就不急着买了，需求购买量自然就下降了。

季芬商品是一种低档商品，即供过于求的一些劣等商品，这些商品具有可替代性，其可替代性是与价格呈反比变化的。很多经济学家都在争论季芬商品是需求定理的一种例外，是因为弄混了消费者的"意图需求"和"实际需求"的不同，其实需求定理作为经济学中消费者的心理规律是无法作假的，但这里所关注的是"意图需求"。在实际的生活中，产生的多是实际需求，当二者混淆时，则容易产生误导。

波浪理论
叛逆的学生

波浪理论，指的是股票价格的波动和海里的潮汐一样，一浪接着一浪，从整体来看，是以一种可以被识别的方式来前进和反转的，形态上不断重复。

凌文志最近参加了一个关于股市波浪理论的培训班，老师号称是在股市混迹多年的操盘手，有很多的股市实战经验，对波浪理论更是研究得出神入化。

凌文志听了一会儿课后，发现老师对于过往实例讲得确实很好，但是，事后诸葛谁都做得了，事前谁能预测到呢？

又听了半节课，凌文志渐渐察觉出不对劲来，老师介绍波浪理论是"上涨五浪下跌三浪"，即波浪理论的基本结构。但是对这个基本结构，老师又介绍说，在这个基本结构中还能分出基础子系浪来，而子系浪又能分解出子子系浪，拿老师的话说，这个再分解出来的，就是"孙子辈的浪"，"孙子辈的浪下面又有重孙子辈的浪"。

总而言之，波浪理论被培训老师讲解得像是宏大的宇宙，其基本结构"上涨五浪下跌三浪"就是银河系，那些无穷尽的"子系"波浪就是宇宙中繁多复杂的星系。

凌文志本身也是操盘手，对于这种将波浪理论大肆夸大又误人子弟的"同行"非常反感，他站起身来对老师说："老师，我用一个故事来谈一下我对于波浪理论的看法，可以吗？"

老师落落大方地说："当然可以。"

凌文志讲的是一个狡猾的和尚的故事——

在古代的某一天，三个秀才一起去京城赶考，当天色已晚的时候，三个人留宿在一个简陋的小庙宇中。

这个庙中住着一个老和尚和一个小和尚，三个秀才在用过简单的斋饭之后，不免担忧起自己的仕途来。

在一旁帮忙收拾碗筷的小和尚听到他们的讨论，就插嘴说："我师父会占卜之术，你们为什么不让他来给你们算算呢？"

三个秀才都说这个方法好，于是小和尚叫来了老和尚，老和尚为三人占卜之后，伸出一只手指。三个秀才问："这是什么意思？"老和尚只是摇摇头："天机不可泄露。"

接过三个秀才给的香火钱，小和尚搀着老和尚回房休息。

来到卧室，小和尚问老和尚："您伸出一只手指到底是什么意思呢？"

老和尚笑着说："这里大有玄机，如果他们三人之中有一人中举了，那我的手指就是一人中举的意思；如果他们三人之中有两人中举了，那我的手指就是只有一人没中举的意思；如果他们三人同时榜上有名，那我的手指就是一起中举的意思。"

故事讲到这里，凌文志看向老师，老师丈二和尚摸不到头脑："这个故事和波浪理论有什么关系？"

还没等凌文志开口，他身边的女士就开口了："老师，他是想说，如果有人能把波浪理论研究得精确无比，那修炼的功力比这老和尚还厉害！换句话说，我们这些人坐到这里听你培训，简直是浪费时间。"

🪙 天下"财"经

波浪理论是投机领域常用的趋势分析工具之一，由美国证券分析家拉尔夫·纳尔逊·艾略特根据美国道琼斯工业指数平均研究，而发现的不断变化中的股价结构形态。

波浪理论用一个词形容就是"八浪循环"，其特点是：股价的上升和下跌会交替进行；推动和调整是价格波动的两个最基本的形态，推动浪可以分为五个波浪来表示，调整浪可以分为三个波浪来表示；推动和调整的波浪共八个是一个循环，结束后会进入下一个八浪循环；时间的长短并不会改变波浪的基本形态，市场的发展依然是波浪循环前进，只是波浪可能拉长，也可能缩短，但形态不变。

要想真正掌握波浪理论的八浪循环并不容易，因为细小的波动和区别就可能影响整个的分析。波浪不同的属性、结构、规模和层次都不尽相同，要想真正通过波浪理论进行精确的预测还是非常困难的，只能在趋势上寻求方向。

财富名人堂

卡尔·阿尔巴切特（Karl Albrecht）：男，2013年《福布斯》全球亿万富豪排行榜上排名第十八名，净资产两百六十亿美元。德国人，从事零售、纺织服装业。出身于矿工家庭，家境贫寒。通过第二次世界大战后的一个偶然机会，他将一家小杂货店逐渐演变成海内外赫赫有名的零售商。他的阿尔迪超市坚持"低价、超底价"原则，吸引了德国百分之九十的顾客。

拉弗曲线
餐巾上的税率

拉弗曲线,讲的是在一般情况下税率越高,政府的税收越多,但在税率提高超过一定限度时,政府获得的税收却减少了。

1974 年的一天,在华盛顿的一家小餐馆中,南加州大学的阿瑟·拉弗和理查德·切尼等人谈起了"征收的税率是否和政府收入完全成正比"这一问题。

理查德·切尼等人一脸茫然,问阿瑟·拉弗:"这个话题是什么意思,请你先解释一下。"

阿瑟·拉弗解释说:"我们都知道,一般情况下税率越高,政府的税收收入也越多;但是在税率提高到一定的高度时,比如说税率高至百分之百……"

理查德·切尼说:"如果税率是百分之百,那么政府的收入就会是百分之百的百姓收入。"

"是的。"阿瑟·拉弗赞同地说,他顺手拉住服务生向他要了一张餐巾纸,这张纸巾在日后被经济学家们广为引述。

阿瑟·拉弗在纸巾上画出了一条"反 C 形"的曲线,对理查德·切尼等人解释说:"这条曲线就像是税率和政府收入的关系,一般情况下,税率越高,政府的收入也就会越多,这个道理谁都懂;但是……"他指着曲线的顶点说:"如果税率到达了最高峰,人们如果知道自己的全部收入纳税之后就一分钱都不剩了,那么,人们就不会再去工作,就算工作有了收入也会千方百计地逃漏税,政府的收入也会随之减少,直至没有。"

阿瑟·拉弗的一番话让理查德·切尼茅塞顿开,后来他成为美国的副总统,在国家税率方面做了很多努力,几乎将"税率控制在合适范围之内"作为了共和党的传统方针。

2001 年 6 月,美国总统布什在十年内减税 1.35 万亿美元的法案上签字,使得这个法案正式成为了一项法律。根据这项法律,2001 年美国每个家庭平均将得到高达六百美元的退税,并且从 2001 年 7 月开始,美国每个民众的个人所得税平均降低了百分之三左右。

此举引起了美国民众的一片喝彩,但这并不是共和党政府的第一次税率改革,自从 1981 年里根总统执政之后,已经连续为民众进行过三次大规模的税率改革了,而这一切福利都来自于当年那张廉价的纸巾。

天下"财"经

拉弗曲线是由美国著名经济学家拉弗提出的,他曾是里根总统的经济顾问,里根总统在位时,提出减税政策时曾说过这一经济原理。

拉弗曲线提出了税收可能产生变动的一种可能,也跟政府提醒要做多方的准备,但实际上拉弗曲线也并不是一定会出现的,具有一定的局限性,它的成立必须满足一些前提条件,比如封闭的经济背景、私有化的市场等,这些并不容易实现;拉弗曲线把个人的收入都看作劳动收入,却忽略了非劳动的收入;拉弗曲线实际上展现的是长期经济背景下税率对税收和经济的影响而非短期的影响;拉弗曲线只看到了个人收入和税收的关系,却忽略了不同收入的人群以及人们是否努力工作等因素。

财富名人堂

罗伯森·沃尔顿(S. Robson Walton):男,2013 年《福布斯》全球亿万富豪排行榜上排名第十七名,净资产两百六十一亿美元。美国人,从事零售业。山姆·沃尔顿的长子,自 1992 年起,他就担任着零售巨头沃尔玛的董事长。在这期间,沃尔玛的营业收入从四百四十亿美元增长至四千四百亿美元。该公司在全球二十八个国家拥有超过两百二十万雇员。

二八定律
创新的双赢

二八定律，指的是在任何的事物中，最重要并且发挥决定性作用的永远都是其中约百分之二十的小部分，而剩余的百分之八十的大部分却是次要的，并不会发挥出决定性作用。

夏日的一天，欧洲某厨具公司的市场总监杰德来到中国，寻求合作伙伴。

杰德已经进行过大量的市场调查和研究，此次来中国，说是寻找最适合的合作伙伴，实则是特地来考察欧叶公司的，这家注重创新的公司在几年前就吸引了杰德的注意。经过几年的观察，杰德基本上可以确认这家规模不大的公司就是他们需要携手共进的伙伴，只是在和董事会商量具体合作细节之前，他还需要到欧叶公司进行实地考察。

欧叶公司的老总欧叶先生带杰德参观了公司的智慧化厨具生产线，并介绍说，在 2010 年举行的上海世界博览会上，他们的首款低碳智慧厨房也被展出，全球近五十万人现场领略了其中的魅力。同时公司还邀请国际巨星对明星产品进行代言，大大地提升了产品的知名度。

参观之后，杰德问欧叶："厨具是个典型的消费产品，你们是怎么避免创新的风险？"

欧叶回答说："我们在创新道路上坚持'二八定律'，开发的新产品八成以上是为了迎合现实消费需求，只有不到百分之二十的比例属于较高阶的开发，并以此引领市场、引导消费，最大限度地减少了创新的风险。"

欧叶的回答赢得了杰德的赞赏，他接着问道："你们在产品出口的同时，有没有生产国际化的打算？"

这个问题欧叶没有立即回答，反而是微笑看着杰德，慢慢地说道："您这次前来，不就是和我商量这件事的吗？"

杰德也笑了："没错，明人不说暗话，我这次前来，不仅仅是要拓宽我们公司的市场，还想挑选一个合作伙伴，让双方的产品能够很好的融合，从而开发出更好更创新的产品。"

欧叶对杰德的来意也是心知肚明的，对杰德的开门见山，他也坦诚地推荐自己的产品："我知道您的来意，所以我特意将我们的生产线开放给您看，也将我们的创新理念毫无保留地相告，我们的二八定律创新无疑是最为科学的，我们的产品在市场上的占有率也是不容小觑的。"

杰德认同道："正因为对这些细节的了解，我们才来和贵公司进行深入的洽谈。"

经过双方多次商谈，欧叶公司终于和杰德所在的公司形成了合作伙伴关系。

天下"财"经

二八定律也称二八法则或巴莱多定律，是十九世纪意大利著名经济学家巴莱多发现的。他认为，社会上百分之二十的人掌握着百分之八十的社会财富，企业百分之八十的利润都来自于百分之二十的重要客户，当然这是个大概的数字。

二八定律在经济学、管理学甚至日常生活中应用广泛：

一、可以更好地帮助人们进行时间的有效管理，把百分之八十的精力以及资源都花在重点的百分之二十的方面，以这核心的百分之二十的发展来带动剩余百分之八十的发展。

二、在管理方面，企业应该抓好百分之二十的重要员工的管理，以他们来带动大多数的员工，提升企业的生产效率。

三、在进行商业决策时，抓住最关键的问题来决策，剩余的小问题都会迎刃而解。

四、在营销中也是要抓住百分之二十的核心客户，甚至自己生产的商品，也要注意百分之二十的核心竞争力。

五、用二八定律进行企业的风险调控时，首先要确定企业发展的总体目标，依据目标来分析最主要的风险并制定相关的政策和措施来防范其主要风险。

财富名人堂

艾丽斯·沃尔顿（Alice Walton）：女，2013年《福布斯》全球亿万富豪排行榜上排名第十六名，净资产两百六十三亿美元。美国人，从事零售业。沃尔玛创始人山姆·沃尔顿的长女，她一向关心慈善捐助，也多次捐助教育。她创立了儿童学业基金，给低收入家庭的孩子发放奖学金。沃尔顿家族还曾在2002年向阿肯色大学捐款三亿美元，创下了美国一所公立大学接受捐款的最高纪录。

寻租理论

迈向小康的羊群

寻租理论，指的是在市场竞争的社会环境下，政府的某些限制政策和制度，可能导致少数特权者的出现。

在一个天然牧场上，居住着数百万只无忧无虑的绵羊，上帝许诺它们，这块它们赖以生存的牧场由全体绵羊共同享有及营运。

在属于自己的这片牧场上，数百万只绵羊生活得很幸福，直到有一天，有一位叫作图特的人改变了这一切。

图特看中了这片牧场，对上帝说："这片牧场很肥美，绵羊们根本不会管理，不如你放开权限让我来管理吧！我会让这群绵羊们吃到上等的青草，它们会比现在生活得更好。"

上帝答应了他的请求，图特正式在这片天然牧场走马上任了。

在图特进入天然牧场的时候，绵羊们虽然对居住环境不是特别舒心，但还是能够勉强维持下去的。

图特对绵羊们说，为了适应现代化生活，牧场需要改革，以建立更高级的生活小区。

绵羊们同意了，上帝也批准了图特的申请，特意拨了专款用来建设高级羊圈。

专款到位不久，图特就找来开发商建起了高级羊圈，他信誓旦旦地对所有绵羊说会让它们过着小康生活。

在图特的监督下，新的羊圈不管从哪个方面看都比过去破烂的羊圈好多了，绵羊们很满意。可是就在绵羊们兴致勃勃地打算乔迁新居的时候，开发商跳出来了："不能进去，你们还没有交钱！"

交钱？绵羊们都愣住了，这个羊圈不是上帝拨款修建的吗？

开发商解释说，在搭建这个羊圈的时候，掏的是自己的腰包，图特不但没给他钱，还向他要了不少的管理费。

疑惑的绵羊们跑到图特面前求证开发商的话，图特一脸理所当然的表情："那么好的羊圈，上帝拨的钱早就用完了，新羊圈确实是开发商掏钱盖的，既然人家投入了，自然是想回收的。不找你们要钱难道找我要钱吗？又不是我来住！"

上帝拨的那么多钱都用完了,看来这个羊圈真的是很高级。绵羊们争着将自己的积蓄拿出来购买羊圈,这时候就出现了分流。

数百万只绵羊们也是有贫有富的,有钱的绵羊可以拿出积蓄来买一个羊圈居住,那些没有经济能力的,就只能找图特抗议了。

图特被这些穷苦的绵羊闹烦了,就对它们说,在这片牧场之外,还是有能居住的地方的,只是地点有点偏僻,配套设施也稍差一点,且房租需要绵羊们给开发商打工来获得。绵羊们虽然不是很满意,但想着有地方住了,也感恩戴德地接受了图特的安排。

就这样,整个牧场都进入到了小康社会,实现了人人有房住,户户有工作。

🪙 天下"财"经

寻租理论产生于 1967 年美国著名经济学家戈登·图洛克的一篇论文,他认为在市场竞争的社会环境下,税收的垄断所带来的社会损失是高于前期估算的,因为人们会通过各种管道增加自己的收入,他把这个方式称为"寻租"。

寻租理论最关键的部分在于对"寻租"的定义,由于图洛克更关注政府的垄断特性,另一位著名经济学家布坎南又在他的基础上进一步探讨了寻租的内涵,他提出"寻租"实际上是"寻求利润"的含意,在市场经济中,任何利润的产生都来自于市场经济活动的进行,人们通过竞争来寻求利润,寻租的产生取决于市场竞争中的限制制度和政策,与政府的权力干预有很大关联。

如果将故事中的上帝看作政府,他运用行政权力对企业或个人的经济活动进行了干预和管制,妨碍了市场竞争的作用,从而创造了少数有特权者(也就是图特)获得超额收入的机会。

市场经济中的寻租有三个层次:

第一个层次是指对政府活动所产生的额外收益的寻租方式,即腐败产生的温床。

第二个层次是对政府提供的好职位的寻租,也就是我们常说的肥缺。

第三个层次是对政府通过活动而获得的公共财政收入的寻租。

木桶原理
外调的"懒惰"员工

木桶原理,指的是一个由很多块木板组成的木桶的装水量,并不是由最长的木板决定,而是受到最短的木板的限制。

在大华通讯公司,有一个叫志民的员工一直是公司主管们的"老大难",他因为不会处理和上司的关系,工作中的很多想法都得不到肯定,所以经常的状态就是终日工作懒散、忧心忡忡。

这天,大罗通讯公司的总经理打电话给大华通讯公司的总经理,一阵寒暄之后,大罗通讯公司的总经理说出自己的真实目的来:"我们公司最近开发一个新的技术,但是公司人手不够,你看我们是这么多年的老同学了,能不能帮忙从你那里借调一名技术人员过来?薪水我们这边来付,工作完成后,我保证把人还给你。"

"没问题。"大华通讯公司的总经理回答说,"我以后同样需要麻烦你的时候,你别忘了也借人给我就行了。"

对方也笑呵呵地答应了。

挂了电话,总经理看着眼前的主管,灵机一动想起了一个办法:"你把志民叫过来,我来跟他谈谈。"

志民到了总经理面前,果然如同主管所说的那样,在聊天期间一直是恍惚状态,说话心不在焉,回答问题也是慢半拍。这样的状态让总经理不禁怀疑自己新想出来的办法是不是可行。

总经理对志民说:"你一直抱怨公司对你不够重视,那我现在给你一个机会,你愿不愿意去试试?"

志民表示无所谓。

总经理将大罗通讯公司总经理的要求说了一遍,表示自己想把志民作为借调人员派过去,希望他能为公司争光。

志民还是无所谓的表情,总经理有点着急:"你这次出去,既代表你个人,更代表我们公司,怎么表现,不用我教你吧?如果你觉得撑不住了,可以打电话给我,我再换人过去。"

就这样,这位"老大难"员工被派到了陌生的公司里,一个月后,大罗通讯公司的总经理打来电话："你们这位借调人员太出色了！很多事情都能独当一面，还带领我们的员工提前完成工作。"

"哈哈，我们还有更出色的！"大华通讯公司的总经理不忘推销自己的公司，同时也松了一口气。

志民回到大华通讯公司后，部门经理都反映说，他的工作积极性很高，跟之前完全两样。

天下"财"经

木桶原理是由美国管理学家彼得提出的，指的是一个由很多块木板组成的木桶的装水量，并不是由最长的木板决定，而是受最短的木板限制。由此延伸出在企业和团队中，都会面临的共同问题：一个团队要想发挥最大的力量，就要让所有的员工共同发展，尤其是相对弱势的要赶紧提升到足够的高度，才可以真正发挥团队的价值。

木桶原理不仅在团队建设上有所帮助，同样在企业的销售、市场推广、服务以及生产管理方面都可以发挥作用。每个企业都有薄弱的环节，有自己的软肋，要从这些方面入手去提升和改善企业的内部条件，才能补齐自己的劣势，从而避免在市场竞争中因自身弱点而处于不利的地位甚至导致企业的失败。

而若想实现改善，需要从几个方面努力：

一、先找出弱点在哪里并进行改进。

二、在改进后再找新的弱点，继续改进。

三、要持续进行前两步的动作。

四、学会取长补短，这样可以提高企业的工作效率。

财富名人堂

吉姆·沃尔顿(Jim Walton)：男，2013 年《福布斯》全球亿万富豪排行榜上排名第十四名，净资产两百六十七亿美元。美国人，从事零售业。现任沃尔玛(Wal-Mart)总裁，山姆·沃尔顿的小儿子，毕业于马里兰大学帕克分校。他是在沃尔玛商场里长大的，打扫环境、整理货架是他当时的主要工作。

比较优势理论

田忌赛马

比较优势理论,指的是国际间的贸易基础是生产技术的相对差别,和由此所产生的相对成本的差别,因此在国家层面上,应该发展对自己具有相对优势的商品,而进口相对劣势的商品。

中国古代的齐国有个大将军叫作田忌,他很喜欢赛马,经常约人一起进行赛马比赛。

有一回,田忌约了齐威王赛马,他们在赛前定下规矩说,将各自的赛马分为上、中、下三等,然后在比赛中用上马对上马,中马对中马,下马对下马。

由于齐威王每个等级的马都比田忌的好一点,所以每场都是田忌输,几场比下来,田忌的脸都拉长了,比赛还没结束,他就气冲冲地离开了赛马场。

这时,田忌听到有人叫自己的名字,抬头一看,是自己的好朋友孙膑在向他招手。

中国战国初期军事家、兵家代表人物——孙膑

田忌向孙膑走过去,孙膑拍拍他的肩膀说:"我刚才观看了赛场的情况,其实齐威王的马没有比你的快很多,你输得没道理……"

田忌不高兴了,打断孙膑的话说:"真没想到,我最好的朋友也来挖苦我!"

孙膑哈哈笑道:"我不是挖苦你,我是说你再与齐威王比一次,我有办法让你赢。"

田忌疑惑地说:"你的意思是让我去找更好的马?可是我哪有时间再去训练新马?就算我能找到,齐威王也不肯等我慢慢培养啊!"

"当然不是,你一匹马都不用换。"孙膑胸有成竹地说。

田忌撇了撇嘴:"那还不是一样会输。"

"你就照我说的做吧!"孙膑推着田忌往齐威王面前走。

齐威王身边围绕着一堆人,正在聆听齐威王得意洋洋地夸赞自己的赛马有多优秀,看到田忌和孙膑过来,众人散开了,让他们直接面对齐威王。

齐威王看着田忌苦着的一张脸,不禁笑出声来:"怎么了? 不服气? 还想和我比一次?"

"再比一次吧!"田忌在孙膑的怂恿下接受了挑战。

齐威王看着田忌,叫人把赌注加大,挑衅地问田忌:"你敢加大赌注吗?"

田忌把自己的钱都倒在桌子上,不服输地看着齐威王。

齐威王看了看田忌的钱,又派人加了一千两黄金。

比赛再次开始了。

在第一场上等马的比赛中,孙膑让田忌的下等马出赛,结局可想而知。

齐威王说:"没想到,大名鼎鼎的孙膑会出这样的主意给田忌,看来田忌的本钱我赢定了。"

第二场比赛中,孙膑让田忌的上等马对阵齐威王的中等马,轻松获胜一局。

齐威王渐渐看出门道,不由得有些慌了,从看台上站起身来。

第三场比赛中,孙膑用原来的中等马对阵齐威王的下等马,又战胜了一局。

赛马的最终结果是,田忌三局两胜。

🪙 天下"财"经

这个故事的结局就是由动态比较优势决定的。

比较优势理论是由英国著名的古典经济学家戴维·李嘉图提出的,指的是国际间的贸易基础是生产技术的相对差别和由此所产生的相对成本的差别,在国家层面上应该发展对自己具有相对优势的商品,而进口相对劣势的商品,才能最大限度地产生贸易的利润。

要想使用比较优势理论,应符合几个必要的前提条件,比如至少有两个国家、两种商品来进行比较,并且国家与国家之间需要有一定的差异;两国的自由贸易应该是在市场竞争下进行,生产所需的基础应该只在自身所在的一国而不是两国间;两国的贸易额应该是均等的。

比较优势理论为国家间的自由贸易发展提供了有利的依据,两国的比较优势差异越大,两国间贸易的空间也是越大的,两国均可以根据比较优势的原则将生产要素进行专业化的生产和发展。

这样的自由贸易思想为政府间的经济利益争夺创造了相对文明的环境,也使各国都可以实现自己国家商品的市场销售率的大幅增长。

边际成本
飞机场上的纠纷

边际成本,指的是每增加一单位产品的产量而随之增加的成本量,但随着产量的增加,边际成本会先减少后增加。

"紧急通知,紧急通知,飞往 B 城的飞机因为突发事件暂时不能起飞,给各位乘客造成不便,敬请谅解……"

航站大厦的广播一直重复着这句话,而在候机楼内因为突发事件而不能起飞导致了另外一种景象。

这次的突发事件来自于一个暴躁的乘客,此刻他正在航空公司的办公室中大嚷大叫,既不让飞机起飞,也不同意投诉处理人员关于赔钱退票的建议,非要航空公司的高层亲自说明才行。

航空公司的负责人很快到了"事故"现场,在接触这名乘客之前,他先找到负责此次投诉的经理询问具体细节:"乘客是因为什么原因大闹机场?"

经理据实回答:"因为他买的票没有座位了。"

"什么?"负责人很惊讶,飞机不同于其他交通工具,很少会出现乘客买了票而没有座位的情况,"是系统出了问题?"

"不是。"经理回答说,"公司这两年效仿国外航空公司的做法,每次都会多卖出去几张票。因为根据历史统计,每次的航班都会有一些乘客购买了机票而不会前来乘坐的情况,这个比例大约是三百分之五,也就是说每三百张票中会有五个人不会前来,所以国际的做法是,三百个座位的航班卖三百零五张票,正好坐满飞机,这样能降低边际成本,还能多赚五张票的钱。"

"如果最后乘坐航班的人超过三百位,你们该怎么处理呢?"负责人对这种做法闻所未闻,初次听到非常惊讶。

经理习以为常地回答道:"如果超过了三百位,我们就会询问一下有没有人愿意改乘,搭乘下一个航班。当然,对于乘客的损失,我们会给予补偿,基本上不急的乘客都会接受,所以一直没有出过问题。"

"那么这次呢?"

"这次……"经理惭愧地说,"飞机上的乘客都不愿意改乘,这位乘客是最后一个登记的,所以就没有座位了……"

负责人没有再说什么,经过简单的思考,他走向那位乘客:"先生,十分抱歉,购票系统在您使用的时候出现了混乱,导致出票失误……"

他的话还没说完,就被乘客打断了:"那是你们的错,跟我有什么关系!"

"是的,的确是我们的错。"负责人平静地说,"但是我认为,现在追究到底是谁的错,不是最重要的事情。您的时间很宝贵,我们最需要做的,是如何弥补这个错误。"

话说得漂亮,但乘客就是不接受,负责人又提出很多种解决方法,乘客都不答应。

最后,负责人不得不救助于公司老总,派出老总的私人飞机将乘客送到了目的地。

这次的投诉事件解决后,公司老总特意召开会议,彻底取消了这种超额卖票的"赚钱"方式。

天下"财"经

边际成本认为,当产品的产量较小时,企业生产产品的设备使用率较低,但随着更多员工的生产工作,设备的使用率增加,所以这个阶段产量的增加速度是高于生产成本的增加速度的,边际成本会减少;当员工增加到一定的程度,企业生产设备的使用率也相应增加,但是设备的有效率却因过度使用而降低,这个过程中随着产量的增加,边际成本也在不断增大。

边际成本的计算方法在一定程度上可以科学地计算生产成本和单位成本,准确反映企业成本的变化,从而更加准确地反映出企业生产所产生的实际利润的大小。但在实际的生活应用中,由于边际成本的计算方法只包括了变动的生产成本而没有计算固定成本,其实忽略了固定成本对单位成本的影响,从而在产品的存货计算上也存在误差,所以,在实际应用中不能生搬硬套,而要扬长避短地灵活使用。

财富名人堂

斯蒂芬·佩尔森(Stefan Persson):男,2013年《福布斯》全球亿万富豪排行榜上排名第十二名,净资产两百八十亿美元。瑞典人,从事零售、纺织服装业。H&M服饰公司的老板。2009年,他花费四千万美元以及相应的税款(一笔对他来说尚属节俭的支出)买下了地处汉普郡的整个林肯霍特村,获得约六平方公里的农田和近两平方公里的林地。

鲶鱼效应
引入迪士尼乐园

鲶鱼效应，指的是从外引进优秀人才后，可以刺激内部人才的竞争，从而促进企业人才的良性竞争和发展。

花荣城的主题乐园虽多，但是一直没办法呈现出欣欣向荣的景象。花荣城的市长因为此事大为恼火，几次召开政府高层会议商量解决办法。

这天，市长在自己家中宴请了几位商界人士，这几个人彼此都不认识，但他们都有一个共通点——都是市场营销方面的高手。

觥筹交错之余，市长首先开口了："邀请各位来，想必各位也是略有耳闻的，市政府花了大笔经费建了几个主题乐园，我市与其他城市相比，算是主题乐园比较多的城市。但是这些主题乐园不管做什么营销，都是不愠不火的，大家有什么好的想法没有？"

几位商界精英面面相觑，但谁都没有开口。对于市长宴请的意图，他们事先也是猜到了几分，具体的对策也是心中有数的，但这毕竟涉及政府的颜面，谁都不愿意先开口得罪市长。

市长混迹官场多年，对这几位商界人士的心理也能揣摩得到，他缓缓开口道："谁有好的解决办法，不让建乐园的钱白花，政府愿意和他所在的公司共同运营这几家主题乐园。"

听到这句话，这些商界人士顿时眼睛一亮，能和政府一起营运主题乐园，不仅能有丰厚的资金做后盾，还可能有优惠的政策，对于提升自己公司的形象和收益都是有好处的。

经过深思熟虑，一个经理人首先开口了："其实，主题乐园的问题不是出在设备和营销策略上，而是出在人的身上。"

市长感兴趣地问："怎么说？"

经理人解释说："这几家主题乐园的设备都是一流的，但它们都是由政府人员来营运的，抱着'不求最好，但求无过'的态度，营运人员不会像市场型公司那样，努力地为公司服务，很多营销策略都是为了面子，而不是收益。因此，出现年收益率不断下滑的现状。"

"那你有什么好的办法吗?"市长问。

"引进另一家主题乐园。"

市长不解:"为什么？引进什么主题乐园?"

"将迪士尼引进到花荣城。"经理人说,"迪士尼主题乐园作为一家成熟的主题乐园,它的营运策略会对现在的主题乐园产生冲击,而由政府和市场型公司一起营运原先的主题乐园,则可以更好地督促现有的营运人员。"

经理人又讲述了一系列自己的想法,市长频频点头表示赞许。

宴会后不久,市长就着手办理迪士尼主题乐园的引进工作,并指派出主意的经理人加入营运。效果也如同经理人说过的一般,几家主题乐园都一改过去的懒散之风,呈现出市长希望见到的繁荣模样。

天下"财"经

鲶鱼效应是财富管理学中一个非常重要的概念,原本说的是渔民发现沙丁鱼不爱动,捕捞后往往活不了多久就会死,而沙丁鱼的天敌是鲶鱼,渔民把一条鲶鱼放进装有沙丁鱼的鱼舱,沙丁鱼迫于无奈,为了躲避被吃的命运而不停地游动。

在管理学中,鲶鱼效应通常表现为两个方面:

一、企业要不断地引进补充新鲜血液,把优秀的年轻人才放在管理层中,刺激老员工和因循守旧的员工重新燃起竞争意识。

二、在引进人才的同时也要引进新的技术、设备以及管理理念,这样才能促使企业在大市场环境中保有生存和适应能力。

故事中迪士尼主题乐园的引进正是发挥了鲶鱼的效应。

鲶鱼效应在社会生活的各个方面都有广泛的应用,尤其是在企业的人才管理中,但是,鲶鱼效应的使用要注意一个前提,就是鲶鱼数量的控制,试想若是鱼缸里大部分都是鲶鱼而只有几条沙丁鱼的话,就会出现副作用,那就是沙丁鱼会破罐破摔,反正也逃不了。

在企业中要适度考虑对鲶鱼型优秀人才的数量控制,二者合理的搭配才能达到最佳的效果。

在企业人才管理中,也有鲶鱼效应没有达到应有的效果反而影响企业发展的情况,因为鲶鱼型员工通常都是空降兵,职位通常不低,在没有与现有团队建立信任的基础上,团队成员的消极情绪可能会造成空降兵与原有团体间的不合作状态,从而影响企业正常的发展。

马太效应
谁是最聪明的仆人

马太效应,指的是一种强者愈强、弱者愈弱的社会现象。在经济学中被用来反映收入分配不公的现象,也就是庄家为大、独揽财富的现象。

在遥远的国度,有个智慧的国王,他想验证自己最宠爱的三个仆人谁最聪明,就在远行前将三个仆人叫到自己面前。

三个仆人来到国王面前,发现每人面前的桌上都摆着一锭银子。他们诧异地看向国王,国王解释说:"我现在给你们一人一锭银子,我一个月之后回来时,你们再带着银子来见我。"

"那这锭银子的使用权归我们吗?"仆人之一问道。

"当然。"国王很高兴看到有人提出问题,"你们随便怎么使用都可以。"

三个仆人表示已经明白游戏规则,带着一锭银子走了出去。

一个月之后,国王远行回到了自己的国家,立即召见那三个仆人。

第一个仆人说:"陛下,您终于回来了。"

国王点点头:"之前我给的一锭银子,你是怎么使用的?"

第一个仆人毕恭毕敬地回答说:"禀告陛下,您给我的那锭银子,我用来做了点小生意。"

"结果如何呢?"国王问。

第一个仆人捧出五锭银子:"我的小生意总共赚到了四锭银子,加上本金的一锭银子,现在总共是五锭银子。"

"很好!"国王点点头,转向第二个仆人说,"你的银子怎么样了?"

第二个仆人回答:"禀告陛下,我在其他国家做了点投资,现在已经赚到十锭银子了。"

国王很高兴,转向第三个仆人:"你呢?"

第三个仆人也尊敬地回答说:"禀告陛下,您赐给的银子,我怎么敢乱动呢? 我一直都小心翼翼地包在手帕里。"他拿出手帕,小心翼翼地解开:"您看,一点都没有被破坏,跟您给我的时候一模一样。"

国王明显脸色不好。

短暂停顿后，国王宣布，将五锭银子送给了第一个仆人，将十锭银子送给了第二个仆人，最让人意外的是他对第三个仆人的处理。

国王将第三个仆人的一锭银子拿走，并把这锭银子给了赚钱最多的第二个仆人，说："凡是少的，就连他所有的，也要夺过来；凡是多的，还要给他，叫他多多益善。"

后来，这个现象被称为马太效应，意指赢家通吃。

天下"财"经

马太效应在金融、心理学甚至教育领域都有广泛的应用，指的是强者愈强、弱者愈弱的一种社会现象。

这一理论是由美国的罗伯特·莫顿于 1968 年提出的，他认为"任何个体、群体或者地区，在如金钱、名誉或者地位等某一个方面获得了成功和进步，就会继续产生一种累计的优势，也就是说将会有更多的机会获得更大的成功"。

在经济学中，它被用来反映收入分配不公的现象，也就是庄家为大、独揽财富的现象。

马太效应对强者是优势的累积，但对弱势来说，则会刺激失败者消极以对，丧失原有的理智，从而走向更大的失败。

所以，要想在一个领域保持持续的领先地位，就必须在这个领域迅速变得强大，占据市场的大半，成为行业的领头羊，才有更多机会获得更多的社会资源以辅助自己取得更大的成功。同样，当发现目标领域中已经有了强大的领头羊且凭借自己的能力无法超越时，也不要灰心丧气，应该另辟蹊径寻找自己的优势并加以应用发挥。

财富名人堂

伯纳德·阿诺特（Bernard Arnault）：男，2013年《福布斯》全球亿万富豪排行榜上排名第十名，净资产两百九十亿美元。法国人，从事奢侈品业。法国首富、世界奢侈品教父、LVMH 集团缔造者、精品界的拿破仑。依靠法国人与生俱来的艺术细胞，成立了今天的 LVMH 帝国。他多次被时尚杂志捧为"最佳着装男士"。

棘轮效应
商纣王堕落记

棘轮效应,指的是人的消费习惯形成后就会具有不可逆性,尤其是在短期内,也就是说只会向上调整而很难向下调整。

历史上被人们所熟知的商纣王是个昏庸的君主,他宠幸妲己,残害忠良,最终将商朝推向了灭亡的不归之路。

但这并不是商纣王最初的样子,初登帝位的商纣王不仅天资聪慧、智力超群,还是远近闻名的大力士,那个时候,几乎所有的臣民都相信,商纣王一定会带领商朝走向繁盛。

这样一个出色的少年君主最终为何会走上毁灭之路呢?这还要从一双象牙筷子说起。

在古代,人们常将亡国之君的过失与女色联系起来,因此,商纣王的妃子妲己就成了被诅咒的对象。

登上王位不久，就有人向商纣王进献了一双象牙制成的筷子，商纣王很高兴，当天晚上就宴请群臣，用这双筷子用餐。这个细节引起了商纣王叔父箕子的注意，他向商纣王进谏说："陛下，这双筷子固然精美，但由俭入奢易，由奢入俭难，我劝您还是将它作为收藏品收藏起来，而不是日常使用。"

商纣王听了不以为然，满朝文武大臣也觉得箕子有点小题大做，不过是一双筷子，能有多大的影响？

参加完宴会回到家中的箕子一个劲儿地叹气，躺在床上辗转反侧就是无法入眠。

妻子问他："大人，您为了何事烦心呢？"

箕子将晚宴的情况向妻子说明，妻子不解地问："天下都是大王的，他只不过用了一双高级的筷子，会怎样呢？"

箕子说："你一个妇道人家，都会想到天下都是他的，他可以为所欲为。作为大王，他自己也会想到这一点，他今天用了象牙制成的筷子，明天就可能想要犀牛角做成的酒杯，有了犀牛角杯，他又会想要美玉做成的碗碟，长此以往，现在使用的俗物都入不了大王的眼了。随着奢华的升级，他会不再想吃普通的食物，有了精美的食物，他又会想要穿绫罗绸缎，吃穿都达到最高的等级时，他就会想要建造更高级的楼台庙宇。这样一来，就有可能会民不聊生，天下大乱。我一想起此事，就忧愁万分，怎么也无法安心入眠啊！"

妻子安慰箕子说："也许大王只是想用这双筷子而已，可能事情不会像你想的那样悲观。"

"但愿如此吧！"箕子又叹了口气，在妻子的抚慰下进入了梦乡。

当时的很多人，包括箕子的妻子在内，都觉得箕子过于杞人忧天，但五年后发生的故事却证明了箕子的高瞻远瞩。商纣王在奢侈的路上一去不回头，变成人们所熟知的骄奢淫逸、贪图享乐的无道君主，最终将商汤几百年的基业拱手送人。

天下"财"经

棘轮效应又被称为制轮作用，指的是消费者会容易由于收入的提升而增加更多消费支出，在日后哪怕收入减少，也会想方设法维持原有的消费习惯。

棘轮效应最早来自于对苏联计划经济制度的研究，普遍存在于经济及管理领域中。故事中商纣王便是"棘轮效应"的展现。

棘轮效应出于人的本性及人的欲望，用中国的古话来说就是"由俭入奢易，由奢入俭难"，人只要有了欲望，就会想方设法去满足自身的欲望。

对待棘轮效应要从两方面来看：

一、坏的消费习惯会让我们的生活出现很多困扰、麻烦以及压力，这是棘轮效应的负面效应。

二、好的消费习惯则会改善消费者的生活质量，促进经济的发展，这是棘轮效应的正面效应。

所以，若是合理利用棘轮效应，形成良好的生活、理财和消费习惯，不仅能大大改善财务状况，也能间接促进经济增长。

财富名人堂

利利安·贝当古（Liliane Bettencourt）：女，2013年《福布斯》全球亿万富豪排行榜上排名第九名，净资产三百亿美元。法国人，从事零售、日用化学产品业。世界女首富，世界美容业翘楚欧莱雅集团（L'Oréal Group）低调的掌门人，被称为世界上最有钱的女人。其公司名下商标有欧莱雅、兰蔻、卡尼尔、薇姿、羽西、圣芙兰、碧欧泉、植村秀、美体小铺等。

羊群效应
网络经济的盲从者

羊群效应,是经济学中常见的一种从众行为,指的是从众的心理很容易导致盲从,从而陷入骗局。

二十世纪末期,网络经济一路飙升,几乎所有的投资家都在跑马圈地卖概念,IT业的CEO们也都在比赛"烧钱",似乎烧得越多,股票就会涨得越高。

投资家里克问自己的朋友(同时也是他的智囊)亨利:"你觉得我现在是不是需要加入网络经济中,趁乱大捞一笔?"

亨利没有直接回答,而是对里克说:"我来讲两个简单的故事给你听,你就会明白你是不是要跟从这股潮流。"

第一个故事是关于毛毛虫的实验,法国科学家曾经做过一个实验,他把很多只毛毛虫放在一个花盆的边缘,让它们首尾相连成一圈,然后在花盆的不远处撒了一些它们最爱吃的食物。闻到食物香味的毛毛虫们开始不停地游走,但是首尾相连的姿势让它们没有一只能逃得出来,只是一只跟着一只地绕着花盆一圈圈地走。这些毛毛虫不停歇地走了七天七夜,最后因为饥饿和劳累相继死去。这个故事中,最可悲的地方就在于,只要其中有一只毛毛虫改变了路线,它们就能吃到相距不远的食物。

第二个故事是一个幽默的小笑话。说的是一位石油大亨到了天堂,但没想到天堂也需要开会。这天,石油大亨到了会议室,发现会议室中已经座无虚席,连站的地方都没有了。这时,他灵机一动,大喊道:"好消息啊,地狱里发现石油了!"

这一喊,会议室中所有的人都跑向了地狱,转眼间只剩下了石油大亨一人。见众人都跑了,原本散布谣言的石油大亨也不禁心动地说:"难道地狱真的发现石油了?"说完,他也跟着急匆匆地向地狱跑去。

亨利对里克说:"我所说的这两个故事就是羊群效应的故事,大家都有从众的心理,这个时候所有人都投身进去,你不觉得很像羊群效应吗?并且,在这个时候,媒体充当了羊群效应的煽动者,将传闻宣传成新闻,将观点宣传成民意,借助自己的工具,欺骗了无辜的羊群。"

里克点点头,这两个故事对他的触动很大,他也觉得此时投资可能过于激进。

果然，在 2001 年，就如同亨利所说的那样，泡沫破灭，浮华散尽，大家才发现在狂热的市场气氛下，获利的只是领头的那几个企业，其余的跟风者全都成了牺牲者。

天下"财"经

羊群效应多出现在竞争激烈的行业里，通常这个行业里会有一个优秀的领导者主导大众注意力，而行业里的其他人都丧失了基本的判断力，导致整个行业都会纷纷效仿领导者的经济行为及决策。

羊群效应是把双刃剑，若是合理利用引导，有利于区域性品牌的创立，规模化的形成；而很多失败者则是在跟从潮流的过程中丧失了自己最基本的判断力，当没有创新意识和独立思考能力时，失败也是显而易见的。

由此可以看出，羊群效应的优势在于可以强化客户的安全感；也可以使客户产生紧迫感从而促成购买，由此带动更多人的购买行为，形成连锁效应。而劣势则是客户可能受到别人购买的影响，从而影响了自己的判断而盲目购买，最终可能会后悔而给企业造成不必要的麻烦；还有就是在应用羊群效应时，若是没有足够的经验，则有可能顾此失彼。

财富名人堂

李嘉诚：男，2013 年《福布斯》全球亿万富豪排行榜上排名第八名，净资产三百一十亿美元。香港人，多元化经营。长江实业集团有限公司创始人、董事长。1958 年开始投资地产，1979 年购入老字号英资商行"和记黄埔"，成为首位收购英资商行的华人，1981 年获选"香港风云人物"和太平绅士，1989 年获得英国女王颁发的 CBE 勋衔，1992 年被聘为港事顾问，1993 年荣登香港风云人物。

蝴蝶效应
流浪汉获救

蝴蝶效应,指的是微小的变化可能引起整个系统长期而庞大的系列连锁反应,即初始条件的微小偏差可能会带来结果的巨大差异。

一个平常日子里,罗伯特结束了一天的工作之后,搭乘地铁前往时代广场站。罗伯特是美国著名的心理学家,同时也是亚利桑那州立大学的心理学教授。

当罗伯特走到地铁站的时候,正好赶上下班高峰期,如流水般的人群像往常一样沿着台阶蜂拥而下向站台奔去。

就在到达站台的时候,罗伯特看到一位男子躺在站台的空地处,他衣衫褴褛,闭着眼睛,躺在那里一动也不动。

但是,人们从他身边经过,像没有看到他一样,有几个人看起来是急着回家,甚至从他的身上跨过去。

看到这样的状况,罗伯特停下脚步,想看看接下来会发生什么事情。

就在罗伯特停下脚步的那一刻,奇怪的事情也发生了,疾步快走的行人中有几个人也停下了脚步,和罗伯特一样盯着流浪汉看。

很快,仿佛人群一瞬间被传染,流浪汉的身边聚集了一小部分爱心人士,人们的同情心一下子被激发。众人发现这个流浪汉晕了过去,有个男人打开水壶,将几滴水滴到流浪汉的嘴唇上;有个女人去买了食物,以免流浪汉醒来后饥饿;还有几个人把工作人员叫来,请他们打电话叫救护车。

几分钟后,这个流浪汉终于醒了过来,经过简单的交谈,人们了解到这个流浪汉来自西班牙,只会说西班牙语,因为弄丢了钱包,所以身无分文,已经有好几天没有吃过东西了,结果因为饥饿而晕倒在地铁的站台上。

这就涉及一个有意思的问题,为什么当罗伯特"停下脚步"这一动作发生的时候,会引起站台上这么大的反应呢?

后来,经过长时间的观察,罗伯特认为,这一现象产生的一个重要原因是,在人们身处熙熙攘攘、匆匆忙忙的人潮中时,往往会陷入集体催眠的自我状态,这一状态并不是说人们没有同情心,而是他们在忽视身边没有关系的信息的同时,也忽略了身边需要帮助的信息。就像有一首诗说的那样:"走在嘈杂的大街上,眼睛却看不见,耳朵却听不见。"在社会学中,这种状态也被称为"都市恍惚症"。

天下"财"经

故事中的流浪汉被救助类似蝴蝶效应。

蝴蝶效应是由美国气象学家爱德华·罗伦兹在一篇论文中提出的,说的是一只南美洲热带雨林里的蝴蝶,偶然扇动了几下翅膀,引发了两周后在美国得克萨斯州的一场龙卷风。

这说明,在动力学系统中,微小的变化可能引起整个系统长期而庞大的连锁反应,初始条件的微小偏差可能会带来结果的巨大差异。

蝴蝶效应被划分为混沌学的类别,和多米诺效应有些雷同,只是多米诺效应的时间周期可能更长,而经济学家们也用蝴蝶效应来进行股票投资非线性的分析,例如1998年亚洲金融危机就是蝴蝶效应的真实展现。

所谓蝴蝶效应归于混沌学的说法,是因为在我们的日常生活中,当我们无法从常规角度分析解释一种经济现象时,就会倾向于去关注那些无关紧要的因素。当对这些无关紧要的因素关注多了,就变得更加不可预测,这也是非线性的分析和发展。

所以,尤其是在投资领域,对微小细节的关注以及细节之间关联性的分析,可能会帮助我们更为准确地分析未来的趋势和走向。

财富名人堂

戴维·科赫(David Koch):男,2013年《福布斯》全球亿万富豪排行榜上排名第六名,净资产三百四十亿美元。美国人,多元化经营。是美国"科氏工业"的老板之一,现任科氏工业集团副董事长。这家总部位于堪萨斯州的企业是美国第二大私人公司,业务包括石油、能源、化工、木材等。

示范效应
漂亮女孩落网

示范效应,指的是消费者在协调处理个人或家庭的消费支出与收入的关系时,会不自觉地与其他消费者进行比较,试图超过或不低于与自己同一阶层的消费者的水平,以找到自己的经济归属。

卫城警局逮捕了一个美丽的姑娘,见到的人无不叹息:"这样一个美丽的姑娘,怎么会做傻事呢?"

这个姑娘名叫可欣,今年刚满二十五岁,正是一个女人最美丽的年华,且她本身就长得美丽,更是让人一见倾心,却因为挪用公款而被逮捕,准备择日审讯。

在警局里,可欣呆呆地看着自己手腕上的手铐,一直沉默不说话,直到警局的工作人员问及她的家人时,她才泪如雨下,讲述了自己逐步堕落的故事。

可欣在结婚前,是个人见人爱的姑娘,很多男孩子围在她公司门口等她下班,只为了陪她走上一段路。在这些男孩子之中,有一个长相最帅气、最有耐心的,不管可欣如何拒绝,他都表现出一往情深的样子。久而久之,这个男孩进入可欣的心里,两个人谈了一年的恋爱就走进了婚姻的殿堂。

可欣的丈夫是个很时尚的人,吃的、穿的、用的无一不是最好的,他和可欣的薪水几乎都用在他一个人的身上了。新婚的可欣还能忍受,但随着积蓄的逐渐减少,可欣渐渐心理不平衡了,她不满自己的薪水都花在丈夫的身上,也开始变得奢侈起来,穿的衣服一天比一天时尚,佩戴的首饰也是越来越昂贵。

她的丈夫不是一味吃软饭的小白脸,也很高兴看到可欣一天天变美,但是两个人的薪水就那么多,没有额外的收入。为了负担两人的开销,丈夫开始不断以各种借口举债,这个原本应该很幸福的小家庭也因此债台高筑。

可欣也不忍心丈夫在外面四处碰壁,但两人的消费水平已经上去了,怎么也没办法降下来。

就在这时,可欣找到了一个好的办法,她身为公司的财务,经常能接触到大量的现金,她从少量现金开始挪用,等发了薪水再还回去。就这样反复了几次,也没出什么大问题。

后来,可欣的胆子越来越大,最高一次甚至挪用了数百万元。

可欣所在的公司很快便发现了现金的流失，将早已悔恨万分但却无力偿还的可欣告发，最终，这个漂亮的姑娘将在监狱中度过自己最美好的年华。

天下"财"经

在生活中，当消费者看到别人因为消费习惯或者收入水平的变化而购买高级的消费品或服务时，无论自己的收入是否提高，都会想办法效仿他人也去提升自身的消费支出类别，从而改变自身的消费行为，明星的示范效应带动更是明显。故事中可欣的"堕落"就是丈夫的消费行为发挥了示范效应。

十九世纪四十年代经济学界提出了一个理论——"相对收入假说"，就是基于示范效应而产生的，即消费者的支出不仅是由自己的真实收入水平决定，而是由于虚荣心理影响，往往会与周围人的消费去做类比。

在市场经济中，若是能够恰如其分地应用消费的示范效应，可以创造巨大的商品及服务需求，从而为经济发展带来积极影响；但若是过于使用示范作用，则会助长社会中逐富心理的滋生，会给社会风气带来负面影响。

财富名人堂

查尔斯·科赫（Charles Koch）：男，2013 年《福布斯》全球亿万富豪排行榜上排名第六名，净资产三百四十亿美元。美国人，多元化经营。戴维·科赫的哥哥，现任美国科氏工业集团董事长兼 CEO。科氏工业是仅次于美国嘉吉公司的世界第二大私人持股公司，同时也是全球最大的非上市公司，其业务包括石油、能源、化工、木材等。科赫兄弟拥有的炼油厂遍布阿拉斯加、得克萨斯、明尼苏达等地，为他们带来了源源不断的财富。

替代效应

聪明保姆赚小费

替代效应,指的是当一种商品的价格发生变化后,导致消费者所购买的商品中此商品与其他商品间的替换,在这个过程中所产生的消费变化。

季先生和季太太事业蒸蒸日上,但特别爱哭的孩子却让他们伤透了脑筋。为了这个孩子,夫妻二人想了很多办法,最后总算是找到了一个实用的。

原来,他们的孩子特别喜欢一种糖果和一种一次性的玩具球,每次孩子快哭的时候,给他玩个玩具球或者吃颗糖,小孩就会安静下来,如果多给几颗,孩子还会手舞足蹈。夫妻二人对这项"哄孩子工程"做了预算,每周大概需要投入五十元左右,包括购买一百个 0.25 元的一次性玩具球和两百八十颗 0.1 元的糖果。

随着事业的逐渐扩张,夫妻二人已经无法全心投入在照顾孩子上。为了更好地支持丈夫工作,季太太雇了一名保姆。小保姆的基本工作就是不让孩子哭,当然主要方法还是季先生和季太太摸索出来的"球＋糖果"战术。

在季先生和季太太的帮助下,保姆很快就学会了这个战术,一个月后,一次性玩具球的价格下降至 0.15 元,保姆很高兴,她现在购买同样的玩具球,可以省下将近十元,她把这十元装进自己的腰包当作"小费"。

这仅仅是赚小费的开始,经过几次的摸索,保姆还发现,根本不需要购买那么多价格较高的玩具球,她尝试着用四十四元买一百四十五个玩具球和两百二十颗糖果,不仅小孩能忍住哭泣,偶尔还会露出笑容。

周末,保姆去找自己正在经济系读研究生的哥哥玩,得意地将自己赚小费的事情讲了出来。哥哥听完之后,直夸妹妹有经济头脑,但是他认为妹妹的"心机"还不算深,因为让小孩高兴并不是妹妹的工作,妹妹大可以在孩子不哭的前提下,更好地组合玩具球和糖果的数量。

在哥哥的建议下,妹妹又经过反复试验,发现每周购买一百四十个玩具球和两百一十颗糖就能保证孩子不哭。这个组合每次花费大概在四十二元左右,比之前每周多赚两元。

转眼间春节到了,保姆要回家过年,购买玩具球和糖果的任务就又回到了季先生和季太太的身上。保姆左思右想,如果这两位去购买东西,一定会发现自己赚了小费的事。于是,她以退为进,不再赚取小费,将主人给的钱全部用来购买玩具球球和糖果,并对季先生和季太太建议说,每周购买一百八十个球和两百七十颗糖是最能让小孩高兴的量。

季先生和季太太都很高兴,直夸她能干,而主动提起玩具球降价一事,也为她赢得了诚实的美名。

🪙 天下"财"经

当一种商品价格降低时,消费者会有意识地用这个商品去替代其他原本要购买的商品,这一举动使得此降价商品的需求量大幅增加,总的来说就是当消费者的购买水平不变时,一种商品的价格变化所引起的该商品需求数量的改变。故事中保姆赚小费的方法,就解释了消费中所包含的替代效应。

替代效应在很多经济领域中都有展现:

一、税收方面,由于国家的征税政策而导致的某种商品或服务的价格变化,人们会选择一种消费或服务来代替另一种消费或服务。

二、在货币与证券领域,也有替代效应的出现,常常在国家货币利率上升时,人们会选择以债券来代替货币,而当利率下降时,又会选择货币来代替债券。

三、在商品市场中,正常商品和低档的商品若是价格下降,会由于替代效应而使商品的需求量增加。

财富名人堂

拉里·埃里森(Larry Ellison):男,2013 年《福布斯》全球亿万富豪排行榜上排名第五名,净资产四百三十亿美元。美国人,从事计算机应用业。世界上最大数据库软件公司甲骨文的老板,他的产品遍布全世界。埃里森在三十二岁以前还一事无成,读了三个大学,没有得到一个学位文凭,换了十几家公司,老婆也离他而去。开始创业时只有一千两百美元,却使得 Oracle 公司连续十二年销售额每年翻一倍,成为世界上第二大软件公司。

破窗效应
拒绝旧情人

破窗效应,是指环境对一个人所产生的强烈暗示和诱导性。如果环境中的不良现象被放任存在,则会诱使人们纷纷效仿,甚至变本加厉,从而导致犯罪率增加。

安明是一位著名的外科医生,他和太太结婚已经二十年了,儿子也进入了名牌大学,一家人生活得很安逸。

在一次同学聚会中,安明遇到了阿丽。阿丽是安明学生时代的班花,二十多年过去了,还是那么美丽。

同班同学都知道,当年安明和阿丽是一对情侣,在他们毕业的时候,两人因为一个误会分手了。后来,阿丽去了国外,两人再也没有见过面。

同学聚会的那天晚上,安明和阿丽单独聊了很久,当年的误会终于在二十年后解开了,两人感慨良多。

聚会的第二天,阿丽约安明吃晚餐,相约的餐厅环境很浪漫。安明问阿丽:"昨天我们见过了,今天是不是要邀请我和我的太太一起共进晚餐?"

"不是的。"阿丽很吃惊安明竟然不懂她的安排,"我只想约你一个人,我们已经失去了太多的时间,我想弥补。"

"不好意思,我现在除了公事,通常都会回家吃饭。"安明拒绝说。

"你是怕老婆吗?"阿丽问。

"我怕,"安明并不掩饰自己,"我怕她不开心。"

被拒绝之后,阿丽并不死心,在几天后寄给安明一封信,信封上写明让安明亲启。

安明再次将信退回。

阿丽打来电话质问,安明说:"我已经习惯了和我妻子分享所有的秘密,我本来是想和我的妻子共同来读这封信,但是你写了只让我自己看,所以我不能看,只好退还给你。"

阿丽很生气,在没有见面的这几天里,她偷偷看过安明的妻子,是个中年发福的女人,完全不像自己这样风华正茂。而且安明当时追自己的时候,很热烈,他不可能对自己完全失去感觉的,一定是他的妻子太凶了。

这样想着,阿丽决定亲自到安明的诊所看一看。

见了安明,阿丽问:"我现在只想知道,你对我还有感觉吗?"

安明笑笑说:"什么感觉?爱过你,也恨过你,现在就让一切都过去吧!"

阿丽还是不死心:"那你现在真的爱你的妻子吗?超过当年爱我吗?"

"我很怀念对你的初恋,但是我更珍惜我现在的婚姻。"安明的思维很清楚,"在我最难过的时候,我的妻子安慰了我。后来我们一起成长,互相看着白发萌生,皱纹出现,点点滴滴都写在我们相处的岁月里,这些,只有我和她才懂。至于你,我怀念,但是我不会用现在的幸福生活来交换那段已逝时光的延续。"

阿丽听了,拥抱了一下安明,转身离开了。

🪙 天下"财"经

现代社会,各种情感危机层出不穷,但这并不能成为破坏婚姻的理由。以上这个故事,讲的就是防范破窗效应的发生。

破窗效应是犯罪心理学的理论之一,由美国的政治学家詹姆士·威尔逊和犯罪学家乔治·凯林提出,是指环境对一个人所产生的强烈暗示和诱导性,如果环境中的不良现象被放任,则会诱使人们纷纷效仿,甚至变本加厉,从而增加犯罪率。

我们在生活中也常有这样的体会,随意放在桌上的财物,家中敞开的大门,都有可能使得原本没有贪念的人心生恶意,或者诱使人们心生贪念。

在经济学上,对破窗效应有一个荒谬的解释,一个叫黑兹利特的学者说,假如小孩打破了窗户,必将导致破窗人更换玻璃,这样就会使安装玻璃的人和生产玻璃的人开工,从而推动社会就业。在这里,学者是为了说明孩童的行为与政府的行为所能产生的后果,从而彻底地否定凯因斯主义的政府干预政策。

"破窗理论"指的就是典型的"破坏创造财富"。把这样的谬论放之于洪灾,放之于地震,放之于战争,好像都很合适。

那么,破窗效应在现实经济中真的可以成立吗?

答案是否定的,因为砸破玻璃带动的经济效用是以另外一部分负效应为代价的。整个社会上的资源并没有增加,所以孩童砸破玻璃是破坏而不是建设。

习惯经济
美国苹果在日本

习惯经济，主要关注的焦点是消费者的消费习惯带来的经济效应。消费习惯能够产生稳定的消费行为，对人们的购买行为产生重要的影响，从而也是产生经济效益的主要来源。

1995年，对美国苹果生产公司的负责人来说，是幸运的一年，因为经过漫长的二十四年的谈判之后，美国苹果终于作为一个重要的引进品牌得以进入日本市场了，但在欣喜的同时，他也面临着巨大的压力。

"跟您汇报一下，根据之前的市场调查研究，我们发现日本人吃苹果和美国人的习惯是不同的。"市场调查研究人员站在负责人面前向他汇报说，"美国人把苹果当成是零食，通常是咬着吃的，不削皮；但是日本人就不同了，他们是当成饭后的甜点，而且一定是要削皮后切成小块吃。并且，我们还发现，日本苹果在种植过程中添加特殊的肥料，结出来的苹果比美国苹果大。"

"因此，我们想要打入日本市场，就需要试图改变日本人民的吃苹果习惯？"负责人犹豫地说。

"是的。"营运人员在旁边补充说，"之前克林顿总统在美日贸易会谈的结束仪式上，送了一大篮的美国红苹果给日本首相，对于这件事，日本的《朝日新闻》和《读卖新闻》都进行了报道，这些报道对于日本人民接受美国苹果是有推动作用的。"

"接下来你们的营运计划都有什么？"负责人问。

"接下来，我们打算在进入日本市场的时候，做一些优惠活动，带动消费。"营运人员回答道。

负责人考虑了几秒，提出一个建议，营运人员立即退出他的办公室执行去了。

几天后，在日本最繁华的街头搭起了一个游戏高台，游戏规则很简单，只要自愿登上高台，一口咬下最大块苹果的人，就能获得一件印有美国图案的运动衫，并且在场的所有旁观者都能获得主办方赠送的三颗美国红苹果。

这个游戏得到了日本消费者的踊跃参与，他们在一笑之余了解了美国人吃苹果的方式。这次活动大受日本年轻人的欢迎，他们开始摒弃老人们的吃法，学着像美国人那样大口咬着美国苹果，把它当成零食的一种。

与这次营销活动相配合的，是美国苹果在日本市场的定价策略。日本苹果的定价是从一点五美元到五十美分不等，而美国苹果在日本市场的售价仅为七十五美分，有趣的是，这个看似较低的定价仍然高于美国国内的市价大约四倍。

🪙 天下"财"经

消费习惯通常表现为消费者对某种商品的偏好，或者对某个品牌的偏好，甚至是对某种消费方式的偏好。

消费习惯的形成不仅与商品的特点以及消费场所的服务有关，同时也与消费者的心理原因有关。从大的方面来看，与文化、价值观、风俗习惯等相关，从小的方面来看，消费者的家庭、社会关系及地位对于其自身消费行为的产生也有很大的影响，尤其是家庭内部的消费，通常是由家庭成员共同决定的。而每个消费者的不同社会角色、职业角色以及经济状况，都在不同程度上影响着各不相同的消费习惯的产生。

对消费习惯的分析和研究，可以有效地帮助企业从正确的角度切入市场，甚至在产品研发及营销手法上都可以借鉴消费习惯的分析，这样才能最大限度地创新和获得经济效益。

财富名人堂

阿曼西奥·奥特加（Amancio Ortega）：男，2013 年《福布斯》全球亿万富豪排行榜上排名第三名，净资产五百七十亿美元。西班牙人，从事零售、纺织服装业。以生产女性旗袍起家，后成立 Inditex 集团。经过二十世纪八十年代在西班牙市场的成长和九十年代在欧洲市场的发展，现在的 Inditex 集团已成为西班牙最大的服装企业，并且在过去三年中发展尤为迅速。该集团在世界六十八个国家中总计拥有三千六百九十一家品牌店，一跃成为世界第二大成衣零售商。

基尼系数

贫民窟里的高级小区

基尼系数，是经济学家基尼根据劳伦茨曲线所提出的判断收入分配的公平程度的一个指标，是在 0 和 1 之间的一个比例数值。

在墨西哥的一个小镇上，有一个高级小区。

这个小区和其他城市里的高级小区一样，有各式各样的娱乐和健身设施，以及那让人一眼望去就无法忘怀的别墅群。

但是，让这个高级小区得以世界闻名的，不是它的这些寻常优点，而是它的地理环境——矗立在一个贫民窟中。

自己享受高级的物质生活，而四周却环伺着密密麻麻的贫民窟，像一只只饥饿而眼红的野狼，随时会扑进来狠咬一口。

这个问题高级小区的富人们不是没有想过，因此他们买通了墨西哥当地的警察和司法机构，私设公堂，对那些肆意闯入小区的人滥用私刑，甚至不惜取人性命。

悲剧就在这样的背景下发生了。

在一个风雨交加的夜晚，贫民窟的三个少年经过高级小区附近，他们发现小区高高筑起的围墙有个缺口，就翻墙进入里面。

高级小区中有完善的监控系统，三个少年的身影很快就被发现了。在被警察抓到之前，两个稍微年长的少年将小一点的少年藏匿到一座别墅的酒窖中。

少年躲在酒窖里一待就是三天，这期间他一直靠酒窖中储存的奶酪过活，完全不知道外面的世界早已经是天翻地覆了。

这天，别墅的主人进入到酒窖中取酒，少年来不及躲藏，被主人撞了个正着。

两个人都怔住了，主人很快反应过来，认定这个陌生人应该就是闯入小区的少年，他拿起身边的铁棒，防备地看着少年。

少年表现得更惶恐，他向主人请求饶恕，说自己只是和年纪大一点的孩子一起闯进来的，希望能找到他们一起回家。

别墅的主人听着少年的表述，慢慢放下手里的铁棒，因为不管面前这个人做错了什么，他也只是个未成年的孩子："你躲在这里不要出去，我会给你送吃的喝的。你的那两个同伴……"主人犹豫着，最终还是决定说出真相，"已经被警察射杀了。"

少年一愣，接着蹲在地上抱住自己瘦削的肩膀抽泣不已。

从这之后，主人每天都会来给少年送吃的和喝的，并且每次到来都会和他促膝长谈。

最后，在主人的劝解下，少年决定去自首。

不幸的是，少年还没有去自首就被警察发现了，不管主人怎么帮忙劝说，小区里的人都要处死少年。

故事的结局是悲伤的，虽然有自首的意向，少年还是被高级小区里的人活活打死了，而早已被收买的警察也如往常一般视若无睹。少年的母亲和女朋友，也在暴力的胁迫下选择沉默。

三个闯入高级小区的年轻生命就这样消逝了，人们的生活却一如往昔。

🪙 天下"财"经

基尼系数是国际上用以综合考察居民收入分配差异状况的一个经济学分析指标，它是在 0 和 1 之间的一个比例数值，越接近 0 说明收入分配越趋于平等，越接近 1 则说明收入分配越不平等。

国际规定，基尼系数低于 0.2 表示收入绝对平均；0.2～0.3 表示比较平均；0.3～0.4 表示相对合理，基尼系数在 0.4 以上表明居民的收入差异较大，当基尼系数达到 0.6 以上，则表示居民收入差距很大。

0.4 是基尼系数的警戒线，根据黄金分割，实际是 0.382，但是放眼全世界，美国 0.45 偏高，发展中国家则在 0.24～0.36 之间，所以取了 0.4 作为分界点。由于基尼系数反映的是居民的收入分配情况，其实这个不仅与经济发展水平相关，同时还受国家的社会文化传统、经济政治制度所影响。

财富名人堂

比尔·盖茨（Bill Gates）：男，2013 年《福布斯》全球亿万富豪排行榜上排名第二名，净资产六百七十亿美元。美国人，从事计算机应用业。美国微软公司的董事长。首屈一指科技人才、慈善家、环保人士，与保罗·艾伦创办微软公司，曾任微软首席执行官和首席软体设计师，持有公司超过百分之八的普通股，是公司最大的个人股东。

银根紧缩
智斗小三的主妇

银根紧缩,是银行为了缓解市场上货币供大于求的情况而采取的一系列措施,目的是减少货币的流通量,避免通货膨胀的产生。

晓晴的老公有了外遇,但最后又离开了小三。这件事晓晴的知心好友也知道,她向晓晴请教经验时,晓晴只是笑笑说:"斗小三还不容易?紧缩银根就可以了!"

晓晴多年来和老公的感情一直不错,为了纪念结婚十周年,老公特意带着晓晴和孩子到欧洲旅行。但没想到,这次的旅行却成了他们婚姻的滑铁卢。

在这次的欧洲旅行中,晓晴和老公的导游是位年轻漂亮的小姐,晓晴第一眼就不喜欢这位导游小姐,在她一身 A 货的装扮中,晓晴早就看出了她的虚荣和物欲。

但晓晴的老公并不这样认为,在他看来,这个导游小姐又单纯又可爱。在欧洲游回国不久,他就和导游小姐走在一起了。

晓晴的老公自以为天衣无缝,却不知世界上没有不透风的墙。晓晴很快就知道了这个消息,她早就猜到导游小姐对自己老公的垂涎,只是没想到手段如此了得,速度如此迅速。

当得知老公出轨后,晓晴就开始实施"银根紧缩"这一战略。儿子一直想去欧洲留学,晓晴从经济上考虑一直没有答应,这次的事情一出,晓晴立刻用老公的信用卡刷了学费。由于这个投资有关孩子的教育,晓晴的老公也没说什么。

晓晴作为专职主妇,在家开销是怎么省怎么来。但导游小姐的出现,让她彻底变了,她开始约姐妹们去饭店吃饭,见到高价化妆品和好衣服想买就买。

导游小姐也没闲着,她经常会发一些信息到晓晴的手机上,说晓晴的老公又给她买了什么高级品,有多么多么爱她,但晓晴都是一笑置之,不但没跟导游小姐斗,甚至跟老公也没提过一句。

虽然她心里很生气,但是她知道这个时候必须忍住。

渐渐地,晓晴发现她的老公开始在半夜偷偷做兼职。晓晴看着深夜那个苦熬的身影,虽然有点心痛,但还是忍住了,她知道,此刻如果不忍住自己的心痛,自己就会失去老公。

又过了一段时间,晓晴偶然听到浴室里老公在电话中和导游小姐吵架,原来,老公终于看清了小三的贪财本质。

一个月之后，晓晴接到了导游小姐的电话，她约晓晴在咖啡厅见面。

坐在导游小姐的对面，晓晴心平气和地说她家两间房子都在自己名下，老公虽然收入还不错，但大部分是用来还房贷的，即便离婚，老公是过错方，什么都不会得到的。

听晓晴说到这里，导游小姐一句话也没说就走了。

不久，晓晴的老公就和导游小姐断了联系。

某天，晓晴的老公喝多了，对晓晴坦白了这件事，说自己错得离谱，晓晴只是笑笑。

后来，晓晴对知心好友说，既然管不住老公的花心，就管住他的钱包。最多一年，男人肯定就会灰头土脸地回来。如果不回来，那就放他走，毕竟他可以为了"伟大"的爱情宁愿放弃所有的财物。

🪙 天下"财"经

国家所采用的银根紧缩措施通常是利用提高利息税、印花税、证券交易税等调控手法，促使央行提高基本利率，促进国债或外汇的买卖等。

银根紧缩是在宏观经济层面的调控，也间接地影响了股市、房地产、钢铁、汽车等行业，尤其是股市中资金链的供应，短期内会受到一定程度的负面影响；同时，银根紧缩对很多上市公司的经营也产生程度不一的影响，表现为影响银行的信贷计划；对人们的投资意向也会产生很大影响，很多投资者由于不明政策前景而缩减投资额，甚至会撤回投资，从而产生一系列的后续影响。

财富名人堂

卡洛斯·斯利姆·埃卢（Carlos Slim Helu）：男，2013年《福布斯》全球亿万富豪排行榜上排名第一名，净资产七百三十亿美元。墨西哥人，从事通信运营业。毕业于墨西哥国立自治大学土木工程系，他名下企业的总市值占目前墨西哥股市总市值的近一半，其个人所拥有的财富总额相当于墨西哥国内生产总值的百分之八。